Mauer Verlag
Wilfried Kriese
72108 Rottenburg a/N
Buchgestaltung: Wilfried Kriese
Titelbild: Privat
2010
ISBN 978-3-86812- 218-3

www.mauerverlag.de

Mario Ohly

Die Ausreise

Tatsachenbericht

FSC
www.fsc.org
MIX
Papier aus verantwortungsvollen Quellen
Paper from responsible sources
FSC® C105338

Inhalt

Vorwort

Diese Geschichte soll an alle diejenigen Menschen erinnern, denen dass gleiche oder ein ähnliches Schicksal in der damaligen „DDR“ widerfahren ist.

Aber für diejenigen Menschen, die mit dem „DDR“ - Regime zusammengearbeitet hatten, bewusst oder unbewusst, und damit am Leid vieler unschuldig politisch inhaftierter Menschen beteiligt waren, soll diese zumindest das schlechte Gewissen wachrufen.

Ein Dank gilt meinen Eltern, meiner Tante, meinem Bruder, Simone, Amnesty International, der Stiftung für ehemalige politische Häftlinge, der VOS, dem ehemaligen Ministerium für innerdeutsche Beziehungen und den Menschen auf Behörden und Ämtern, die sich für den Neustart in der Bundesrepublik Deutschland durch Hilfsbereitschaft und Freundlichkeit ausgezeichnet haben.

Die Vorgeschichte

Geboren wurde ich im Februar 1961 in einem historischen Städtchen im heutigen Sachsen - Anhalt, zugleich noch in einem fast ganzen Deutschland, denn erst am 13. August des gleichen Jahres wurde die Mauer gebaut.
Diese Mauer sollte sogleich auch der Grundstein für meine spätere Entscheidung werden.
Aber, sagte nicht im Vorfeld der „DDR"- Oberindianer Walter Ulbricht: „Niemand hat die Absicht eine Mauer zu errichten." Schöne Lüge!

Ende 1961 sind meine Eltern mit mir ins obere Erzgebirge umgezogen. Mein Vater übernahm dort einen privaten Schmiedebetrieb, den heute noch in veränderter Form mein jüngerer Bruder betreibt.

So lebte ich 23 Jahre im Erzgebirge, ging dort zur Schule, machte meine Ausbildung im väterlichen Betrieb und hatte wie ganz normale Jugendliche Spaß mit Freunden.
Ein eigentlich in der „DDR" ganz typisches Leben. Mit Ganztageskindergarten, später in der Schule mit Hort, als Pflichtkür der „Junge Pionier" und dann FDJ`ler sowie bei der GST.
Das war die Gesellschaft für Sport und Technik.
Ein Verein, der eigentlich vergleichbar mit einer früheren Organisation war, nur der Name wurde geändert.
Dort konnte man an einer Schießausbildung teilnehmen, Motorrad - Geländesport betreiben oder Modellflieger basteln. Auch Briefmarken sammeln oder Schach spielen konnte man lernen.

Das Ziel vieler Lehrer und Ausbilder war es, jedem schon von Kindesbeinen an, später dann als Jugendlichem und weiter als Arbeiter in den Volks - Eigenen - Betrieben, ihre Ideologie des Sozialismus einzutrichtern, sowie den Kampf gegen den Kapitalismus beizubringen - toll.

Ein Vorteil für mich gegenüber den Arbeitern in den Volks - Eigenen - Betrieben bestand darin, dass wir den kleinen privaten Betrieb hatten, in dem ich nach der Schulzeit auch arbeitete. Man war in gewisser Weise sein eigener „Herr".
Ansonsten aber war die versuchte Bevormundung durch den sogenannten Arbeiter - und Bauernstaat gleich wie für jeden anderen Jugendlichen auch, bis hin zu meinem gestellten Ausreiseantrag und dem entscheidenden Tag „X" - dem Tag meiner politischen Verhaftung.

Schon vor dem Abschluss meiner Schulzeit war ich unzufrieden mit dem ganzen maroden „DDR"- System. Vorwiegend auch beeinflusst durch Verwandtschaft und Nachrichten aus dem Westen. Später in der Ausbildung, verstärkt durch das Erkennen von Hintergründen bei Funktion und Ablauf der „DDR"- Wirtschaft.
Diese Zustände in der „DDR" waren für mich als 23 - Jährigen einfach nicht mehr zufriedenstellend. Ich entschloss mich somit, zu meinen Verwandten in den Westen zu ziehen und den Antrag auf Übersiedlung in die Bundesrepublik Deutschland zu stellen.
Nach der Devise: „Nur die Besten kommen in den Westen!"

Es war für mich ein einschneidender Schritt mit nicht ganz einfachen Folgen, wie sich später noch herausstellen sollte.

In der Zwischenzeit und für „DDR"- Verhältnisse hatte ich alles, was es für mich zu erreichen gab, erreicht.
Beruflich, im väterlichen Betrieb, habe ich meine Gesellen- und danach auch die Meisterprüfung mit Erfolg abgeschlossen.
Die verschiedensten Schweißerprüfungen und die Fahrerlaubnis für alle gängigen Fahrzeugklassen hatte ich bereits in der Tasche.
Privat und dazu unverheiratet hatte ich meine eigene Wohnung.
Diese habe ich aber auch nur, als Alleinstehender, durch Beziehungen zum damaligen Bürgermeister bekommen.

Ein Auto der Marke Lada konnte ich mein Eigen nennen. Das ist ein auf Lizenz in Russland nachgebauter Fiat. Die Marke gibt es übrigens heute noch.
Man sagte unter Augenzwinkern: „Hüte dich vor schönen Frauen und Autos, die die Russen bauen!" In der „DDR" galt der Lada als Nobelmarke!

Dieses Auto hatte ich mir auf dem vom Staat geduldeten, privaten „schwarzen" Automarkt in Leipzig zu einem damals üblichen, viel zu hohen Preis gekauft.
Die Preise auf diesem Automarkt wurden durch Angebot und Nachfrage geregelt. Da die Angebote aber gegenüber der Nachfrage sehr gering waren, spiegelte sich das natürlich in den hohen Verkaufspreisen wider.

Auch hatte ich schon die Nachbarländer bzw. die sogenannten Bruderländer der „DDR" wie z.B. die Tschechoslowakei oder Polen, die man bereisen durfte, besucht.

Zwei passende Sprüche zum Thema Bruderländer, die damals unter vorgehaltener Hand die Runde machten: „Brüder kann man sich nicht aussuchen, Freunde schon!“ oder „Willst du nicht mein Bruder sein, so schlag ich dir den Schädel ein!“ Diese Sprüche sagten alles über die vorgegaukelte und erzwungene Bruderliebe aus.

So hatte ich nun bereits mit meinen jungen Jahren und durch das Glück, dass meine Eltern eben diesen eigenen privaten Betrieb besessen hatten, gegenüber anderen „normalen“ Arbeitern den Lebensstandard erreicht, den viele erst im Alter von ca. vierzig Jahren erreichten. Ein wichtiger Punkt, der zu diesen Umständen beigetragen hatte und besonders vorteilhaft war, waren die Beziehungen. „Beziehungen schaden nur dem, der sie nicht hat!“

Wer sich kein Auto auf dem Schwarzmarkt kaufen oder leisten konnte, musste 10 bis 12 Jahre lang, nach der Bestellung, auf ein solches Objekt der Begierde warten.
Es durfte offiziell erst mit dem 18. Lebensjahr bestellt werden, und dann war die Auswahl auch noch auf bestimmte Typen aus der sozialistischen Produktion beschränkt, wie z.B. den Trabant oder Wartburg.
Hatte man dann ein solches Auto, nach langer Wartezeit, ging der „Kampf“ weiter. Ersatzteile und Reifen waren schwer dafür zu bekommen. Bei einer anstehenden Fahrzeugreparatur musste man, wieder mit Beziehungen, oft selbst die fehlenden Kfz.- Teile beschaffen, da die Werkstätten selbst keine hatten. So wurde eine heizbare Heckscheibe aus Leipzig, ein Zweikreisbremszylinder aus Rostock oder Reifen aus der Tschechoslowakei besorgt.

Die Preise für Normal - Benzin und Sonder- Kraftstoff lagen bei 1,50 Mark und 1,60 Mark der „DDR“. Was bei einem durchschnittlichen Stundenlohn von ca. 5,00 bis 8,00 Mark nicht gerade preiswert war.

Auch so banale Dinge wie Tomatenketchup oder Fischkonserven bekam man oft nur mit Beziehungen. Der Begriff der „Bück - Dich - Ware“ entstand. Also Ware, bei der sich der Verkäufer „bückte“, um sie unter dem Ladentisch für einen seiner besonderen Kunden hervorzuholen. Offiziell war die Ware eben „vergriffen“.

Eine Wohnung, wie schon erwähnt, bekam man ohne lange Wartezeit nur zugeteilt, wenn man sich verheiratete, als Krimineller aus dem Vollzug wieder in die „sozialistische Gesellschaft“ eingegliedert werden musste oder, so wie ich, als Single gute Beziehungen hatte.

Ein Päckchen Westkaffee war sehr hilfreich bei der Beschaffung von Möbeln, speziell bei einer Wohnzimmeranbauwand oder einem Urlaub an der Ostsee.
Um einfachste Dinge zu besorgen, die heute selbstverständlich und ohne einen Gedanken zu verschwenden in jedem Supermarkt eingekauft werden, ist man damals oft ins 350 km entfernte Ost - Berlin gefahren.

Als Hauptstadt der „Deutschen Demokratischen Republik“ war Ost- Berlin ein Aushängeschild gegenüber dem Westen und den ausländischen Besuchern. Es sollte so gezeigt werden, wie „gut“ es doch im Sozialismus gehen kann!

Da nun Ost - Berlin auch gleichzeitig das Meinungs- bzw. Stimmungsbarometer der dort lebenden „Obersten Zehntausend“ Ostberliner für die SED - Partei war, wurde das Warenangebot diesen Leuten eben dementsprechend angepasst.
Es gab für Ostberliner, der Wohnsitz musste nachgewiesen werden, sogar VW Golf und Citroen- Fahrzeuge aus dem kapitalistischen Ausland!
Honecker hatte in seinem Fuhrpark Volvo!

Hatte man sich etwas Eigenes erwirtschaftet oder geschaffen, wie z.B. ein Auto, eine Wohnung oder gar ein Häuschen, war man eigentlich nur noch damit beschäftigt, diese mühsam erreichten Errungenschaften durch dubiose Geschäftemachereien zu erhalten. Man hatte den Eindruck, in einer Zeit von „Jägern und Sammlern“ zu leben.
Die Devise lautete: „Besorge mir dieses und ich gebe dir jenes.“

Bei den eigentlich ganz normalen Besorgungen fehlte es dann auch meistens an irgendeiner Sache, z.B. beim Renovieren. Wollte man Bretter, dann gab es keine Nägel dazu, gab es Nägel, dann gab es wieder keine Bretter.
Also gewöhnte man sich an, einfach alles zu kaufen, was es selten gab, auch wenn man es eben mal gerade nicht brauchte. So hatte man aber schließlich für später wieder etwas zum Tauschen mit Einem, der wiederum zufällig das hatte, was man selber brauchte und nun wieder mal nicht kaufen konnte- oder eben andersherum.

Auch war es nicht unüblich, aus den Volks - Eigenen - Betrie-

ben, sie gehörten ja dem Volk, mehr als einige Dinge für den privaten Zweck zu „borgen".
Wollte der kommunale Wohnungsbau zehn Häuser bauen, mussten sie elf Stück planen, da eines komplett geklaut wurde!

Die eigene Währung der „DDR", auch „Alu - Chips" genannt, war nicht immer das Geld für alle Dinge. Es wollte eigentlich keiner haben. Man brauchte „Es" aber für die einfachsten Dinge des täglichen Leben, für die HO - Gaststätte, den Konsum, zum Tanken.

Wollte man etwas außer der Reihe, war es gut, wenn man entweder etwas zum Tauschen hatte oder, was natürlich am Allerbesten war, man hatte richtige Deutsche Mark! Mit ihr öffneten sich Tür und Tor!
Ob es wiedermal der Urlaubsplatz an der Ostsee oder ein Moped von Simson war, mit einem „blauen Flügel", so nannte man 100 Deutsche Mark, war alles möglich.

Es gab aber auch Läden, in denen offiziell mit der harten Deutschen Mark bezahlt werden durfte - den Intershop.
Dort gab es für die harte Währung Waren aus dem Westen. Diese wurden aber zum größten Teil in vielen „DDR"- Betrieben oder in Strafvollzugsanstalten, nur auf Lohnbasis und unter Geheimhaltung, hergestellt.
Zum Beispiel Levis Jeans aus Lössnitz oder Nivea Creme aus Waldheim.

Man überlege: Der Stundenlohn in der „DDR" betrug ca. 5,00

Mark, das war beim damaligen staatlich festgelegten Wechselkurs gleich 1,00 Deutsche Mark West!

Durch die Intershop - Läden konnte die „DDR“ zusätzlich viel richtiges Geld einnehmen. Wenn die Verwandtschaft aus dem Westen zu Besuch kam oder wenn andere westliche Touristen die „DDR“ besuchten, z.B. bei der Leipziger Messe, ging es mit ihnen in den Intershop. Einen Riegel Mars gab es für nur 0,50 deutsche Pfennige. Lecker und besser als die Schlager - Süßtafel.

Nun hatte aber ein Großteil der Bevölkerung keinen Zugang zu Westgeld. Tja, aber auch dafür gab es eine Lösung: Die Delikat- und Exquisit-Läden, auch „UWUBU“ - „Ulbrichts - Wucher - Buden“ genannt.

Im Delikat - Laden gab es für viel, viel „DDR“- Geld Alpia - und Waldbaur Schokolade, Tchibo Trinkfix oder Knorr Brühe, ebenfalls alles aus der ostdeutschen Lohnwarenproduktion. Auch Spreewaldgurken, Radeberger Bier und andere nur für den Export bestimmte Waren gab es dort.
Im Exquisit - Laden gab es dann die dementsprechende Bekleidung. Ein Pullover für 200,00 Ost - Mark war keine Seltenheit.

Auch soll es in Berlin einen speziellen Laden gegeben haben, so wurde hinter vorgehaltener Hand gemunkelt, in dem nur die „Obersten“ der Stasi einkaufen durften. Dort wurden die Sachen aus beschlagnahmten Westpaketen feil geboten.
Ja, deshalb kam dieses oder jenes Paket von der Westverwandtschaft nicht an der angegebenen Adresse an!

Der Antrag

Ich glaubte nun mit meinen dreiundzwanzig Jahren, fast alles in der „DDR“ erreicht und ausgeschöpft zu haben, was es an Möglichkeiten gab, z.B. die Wohnung, ein Auto oder die erlaubten Auslandsreisen.
Meiner Meinung nach war ich aus beruflicher sowie weltanschaulicher Sicht gut gerüstet für eine neue Existenz im Westen Deutschlands.

Dazu kamen noch meine Erfahrungen, die ich im privaten väterlichen Betrieb in Hinsicht auf Marktwirtschaft, wenn man so etwas in der „DDR“ als solche bezeichnen kann, gemacht hatte.
In Sachen Betriebsführung, Materialbeschaffung, Umgang mit Kunden, Angestellten und Zusammenarbeit mit anderen Betrieben war diese Zeit sehr lehrreich und eine tägliche Herausforderung.
Also, was sollte im Westen schief gehen?

Somit schrieb ich meinen ersten Ausreiseantrag im Januar 1984 an den zuständigen Rat des Kreises. Dieser wurde natürlich ohne jegliche Begründung abgelehnt. Ich schrieb erneut und bekräftigte mein Anliegen. Aber auf jeden Neuantrag erfolgte eine erneute Ablehnung. So ging es Monate weiter hin und her.
Auch versuchte ich es zwischendurch telefonisch beim Rat des Kreises. Auf meine Anfrage hin hieß es dann ganz lapidar, was ich eigentlich will? Ich hätte doch hier die besten Zukunftschancen! Mir ginge es doch gut durch den eigenen

väterlichen Betrieb. Eine Einwilligung auf Ausreise wird es nicht geben. Fertig!
Hatten „Die“ eigentlich etwas von der Genfer Menschenrechtskonvention gehört, dass jeder Mensch seinen Wohnsitz frei wählen kann? Ach, nein!
Und so folgte von mir ein erneuter schriftlicher Antrag...

Zwischendurch, im April des Jahres 1984, wollten mein Freund und ich noch einen Einkauf und Besuch in der benachbarten Tschechoslowakei machen.
Er hatte seine Einberufung erhalten und musste im Mai zur Nationalen Volksarmee, der NVA, um seinen anderthalbjährigen Dienst abzuleisten. Natürlich wollten wir noch ein Abschiedsfest feiern und dazu brauchten wir noch einige Leckereien und Lebensmittel aus der CSSR. Auch ein kurzer Besuch bei einer Bekannten, bei der wir zum tschechischen Motorrad - GP übernachteten, war eingeplant und klare Sache.
Leider kam es anders als gedacht!

Die Tschechoslowakei oder CSSR war wirtschaftlich gesehen weiter entwickelt als die „DDR“. So gab es dort viele Sachen, die wir in der „DDR“ zwar hergestellt haben, aber die wir selbst nicht kaufen konnten, weil es eben Exportartikel waren.
Diese in der „DDR“ produzierten Waren, wie z.B. die in einem benachbarten Ort hergestellten Gewürzgurken, gab es dann wieder in der CSSR.

Welche Artikel zu Exportgütern gemacht wurden, bestimmte der RGW, der Rat für Gegenseitige Wirtschaftshilfe. Dieser Rat, der sich aus den „Bruderländern“ wie z.B. Polen, Bulgarien, Rumänien usw. zusammensetzte, entschied über den Warenaustausch.

Der RGW funktionierte ungefähr so: Wir in der „DDR" haben Salat angebaut. Dieser wurde nach Ungarn geliefert. Von Ungarn gab es dann dafür Paprika. Der ist aber nicht in der „DDR" geblieben, sondern wurde nach Polen geliefert. Von Polen gab es dafür Gurken. Die sind aber auch nicht in der „DDR" geblieben, sondern wurden in die Sowjetunion geliefert, und von der Sowjetunion haben wir dann neuen Samen für Salat bekommen...

Die CSSR pflegte aber damals schon, so wie Ungarn, nebenher mit anderen europäischen Ländern regen Handel. Unter anderem mit Spanien. Wir konnten deshalb auch spanische Ölsardinen und Dorschleber in Dosen kaufen, vorausgesetzt das Geld reichte!
Es durften nämlich nur 20,00 Ostmark = 60,00 Tschechische Kronen pro Person für einen Grenzübertritt getauscht werden.
Ein Schwarztausch und Geldschmuggel war da ja wohl Ehrensache!

Als mein Freund und ich an der Grenzübergangsstelle im oberen Erzgebirge ankamen, wurden wir unter einem Vorwand separat kontrolliert und festgehalten.
In dieser Zeit wurde von den „Grenzern" Kontakt mit dem Rat des Kreises aufgenommen. Nach einer ganzen Weile des Wartens, in der wir natürlich weiterhin bewacht worden sind, gab es ein Gespräch zwischen mir und zwei Grenzbeamten.

Mir wurde dann die Ausreise in die CSSR verweigert und mein Personalausweis wurde einbehalten.
Auf meine Frage, was ich nun ohne Personalausweis bei einer Polizeikontrolle machen soll, hieß es nur: „Das geht uns nichts an, wir befolgen nur die Anweisungen vom Rat des Kreises, melden sie sich dort!"
Der Grund hierfür lag natürlich auf der Hand: Es war mein Ausreiseantrag in die Bundesrepublik!

Zusätzlich habe ich dann einige Tage später erfahren, dass gerade zu diesem Zeitpunkt einige „DDR"- Bürger in die Westdeutsche Botschaft in Prag geflohen waren, um damit ihre Ausreise in die Bundesrepublik Deutschland zu erzwingen!

Aha, die Stasi hatte sicherlich angenommen, dass ich ebenfalls über die Botschaft der Bundesrepublik Deutschland in Prag in den Westen flüchten will. Deshalb hatten sie mich einfach nicht in die CSSR einreisen lassen.
Somit war ich nun im großen Käfig, der „DDR", eingesperrt.

Ich meldete mich zwei Tage später beim Rat des Kreises. Dort verwies man mich zur Ausweisstelle. Ich solle mir dort einen provisorischen Ausweis abholen, den PM 12. Meinen Original „DDR" Personalausweis bekam ich nicht wieder zurück.
Der PM 12 war ein einfaches Blatt Papier, A5. Auf dem stand, dass der Personalausweis des benannten Bürgers, also ich, einbehalten wurde.
Ohne Angabe von Gründen.

guest - kow 58 17.04.84 16.00 mue + 30026

tm 2

bv kms
kd anraberg

bv kms
abt. roem. sechs/olz

1. 17.04.84 / 14.05 uhr / pke oberwiesenthal/ ddr-cssr

2. antragsteller /zurueckweisung/ einzeihung des pa

3.1. - o h l y,mario
426235 in tangermuende
ddr/ pa r 1070993/ seit 7.3.83
schmied, schmiederei waldemar ohly baerenstein privat
baerenstein,oberwiesenthaler str.
ledig

3.2. -

ddr/ pa r 13...

4. pkw lada 1300 pol. kennz. taa 5 - 05 halter ohly

5. zeit und ort des anfalls: 17.04.84 - 14.05 uhr guest bozi dar/
oberwiesenthal
- quelle: pke -uebergabe an gza
- reiseziel/aufenthaltsdauer: 1tag jachimov
- tathergang/erkennungskriterien: op. ueberwachungsmasznahmen

zollkontrolle: keine beanstandungen

Protokoll der Grenzübergangsstelle

befragung:

- in der befragung gab der o. an, dasz sie vor hatten fuer 1 tag nach jachimov zu reisen um einzukaufen
- im rahmen der befragung kam zum ausdruck, dasz der o. telefonisch beauflagt wurde, sich am 18.04.84 10.00 uhr auf den rat des kreises annaberg zu melden, zwecks klaerung seines antages nach der brd

masznahmen:

- 14.05 anfall a an der guest
- 14.10 leiter der pke informiert
- durchfuehrung einer intensiven zollkontrolle- nehativ
- 14.30 uebernahme vom gza und kurze befragung zum sachverhalt
- 14.40 ueberpruefung im olz der abt. sechs kms eingeleitet
- 15.15 entscheid leiter der kd annaberg- personalausweis einziehen und zurueckweisen- entscheid wurde von stellv. op. gen kornmann der abt. sechs kms bestaetigt
- 1525 zuruckweisung ausgesprochen, der mitreisende pkt. 3.2. reiste von sich aus mit zurueck

reaktion:

- der o. verhielt sich waehren der befragung sowie bei aussprache der sanktionen ruhig

leiter der pke
.a. mueller hptm./dhz
gb. nr. 948/04/84
tqll

ll 58 17.04. 1615 fra 5vv 6- kms =

ll 58 17.04.18 1984 1625 kd kan
dlsbatsj

Protokoll der Grenzübergangsstelle

Bei einer Ausweiskontrolle waren dadurch natürlich Schwierigkeiten unvermeidbar. Es führte zu einer Überprüfung der Personalien mit einer Weiterleitung an die Stasi, als Meldung über den derzeitigen Standort und Bewegung von mir.
Mit diesem Ausweis durfte man eigentlich auch den landesgrenzlichen Bezirk nicht verlassen.

Nun hatte aber mein Freund im Mai ja seine Einberufung und die militärische Vereidigung bei der Nationalen Volksarmee.

Dazu kam noch, dass er zum Dienst an die innerdeutsche Grenze in Ost - Berlin musste! War das ein Zufall oder nicht?

So bin ich trotzdem kurzerhand mit seinen Eltern, die kein eigenes Auto hatten, nach Ost - Berlin zu seiner Vereidigung bei der NVA gefahren.
Obwohl ich keinen gültigen Personalausweis hatte, der am Tor zum Einlass vorgezeigt werden musste, kam ich bis auf das Kasernengelände und nahm an der Vereidigungszeremonie teil.

Dem kontrollierenden Posten am Tor zeigte ich einfach meine neue Fahrerlaubnis, die es erst seit kurzer Zeit in rosa Ausführung gab.
Mit ernstem Gesicht sagte ich zu ihm: „Etwas anderes kann ich ihnen jetzt nicht zeigen!“ Er schaute mich etwas verdutzt an, überlegte kurz, grüßte dann zackig und ließ mich freundlich passieren. Er hatte sicher angenommen, ich sei von der Stasi.
Den Eltern meines Freundes ist es bei dieser Aktion eiskalt

den Rücken hinunter gelaufen. Zum Glück ging aber alles gut.

Die Monate vergingen und das Hin - und Herschreiben mit den staatlichen Organen nahm kein Ende. Auf jedes neue Schreiben von mir erfolgte eine erneute Absage vom Rat des Kreises.
In der Zwischenzeit hatten auch noch mehr Leute aus unserem Ort und der Umgebung einen Ausreiseantrag gestellt. Ermutigt dadurch, dass in der Zwischenzeit durch Außenminister Genscher die Entlassung der Prager Botschaftsbesetzer in die Bundesrepublik Deutschland gelungen war.

Ab der Zeit meines ersten Antrages für die Ausreise in die Bundesrepublik hatte ich mir selbst vorgenommen, nichts mehr „Festes“ mit einem Mädchen anzufangen.
Es war mir klar, dass es unmöglich gewesen wäre, gemeinsam mit einer Freundin aus der „Ost - Zone“ raus zu kommen.
Dazu käme noch der Umstand, der Stasi dadurch ein tolles Druckmittel gegen mich selbst zu liefern.
Also versuchte ich, mich vom „fest“ Verlieben fernzuhalten, so gut es ging. Gelungen ist es mir aber nicht. So habe ich in der Mitte des Jahres 1984 bei einem Discobesuch meine Simone kennen gelernt und wir beide haben uns in einander verliebt.
Im Nachhinein bin ich glücklich und froh, dass ich sie kennen gelernt habe und wir uns ineinander verliebten. Dazu komme ich aber später noch.

Simone war damals schon ein „schnelles“ Mädchen. Sie zog einige Tage nach unserem Kennenlernen mit in meine Wohnung ein. Liebe auf den ersten Blick! Auch mit ihrer Hoffnung, dass mein Antrag auf Ausreise nie genehmigt wird!

Einen guten Grund dafür hatte die Stasi. Denn der Bruder von Simone war bei den Grenztruppen der NVA tätig.
Na, toll. Da war Ärger mit ihrer Familie eigentlich schon vorprogrammiert.

Simone ließ sich durch diese Situation und auch durch die Mahnungen ihrer Mutter nicht abbringen bei mir zu bleiben. So lebten und liebten wir eine ganze Weile den normalen Alltag.

In der Zwischenzeit hatte ein guter Freund und Lehrer, ganz überraschend mit seiner gesamten Familie, also mit Frau und zwei Kindern, die Ausreisegenehmigung erteilt bekommen. Wir waren alle ganz baff!
Ja, geht doch!
Sie mussten innerhalb von 48 Stunden die „DDR“ verlassen.

Ich habe ihm noch die Adresse von meinen Verwandten im Westen mitgegeben.
Als er dann „drüben“ war, hat er sich mit ihnen in Verbindung gesetzt.
Er hat mit ihnen über meine derzeitige Situation sowie auch über die vielen anderen Ausreisewilligen in der „DDR“ gesprochen.
Er gab ihnen einige wertvolle Tipps. Daraufhin haben sie dann später einen Anwalt im Westen für mich eingeschaltet.

Simone 1984

Aber bevor er und seine Familie die „DDR“ verließen, gab er mir noch die Telefonnummer der ständigen Vertretung der Bundesrepublik Deutschland in Ost - Berlin.

Diese Nummer war offiziell nicht zu bekommen. Aus Sicherheitsgründen, ihm und seiner Familie gegenüber, habe ich erst Tage später, nach seiner erfolgreichen Ausreise dort angerufen, mein Anliegen über meine Ausreise geschildert, sowie meinen Namen und den Namen meiner Verwandten im Westen durchgegeben. Diese Daten wurden aufgenommen und mir wurde mitgeteilt, dass dieses Gespräch mit Sicherheit von der Stasi aufgezeichnet wird.
Was dem auch so war, wie sich später noch herausstellen sollte.

Ich verfasste, durch die unerwartet genehmigte Ausreisebewilligung meines Freundes bestärkt, zwei weitere Schreiben, um nun endlich auch meine Ausreise in die Bundesrepublik zu bekommen.

Ein Schreiben schickte ich direkt an Erich Honecker. Obwohl mir klar war, dass er so etwas nie in die Finger bekommen würde. Das Zweite an den Rat des Bezirks, das nächste übergeordnete Organ des Rates des Kreises.
Beides natürlich mit Rückschein und der Aufforderung, meiner Ausreise nun endlich zuzustimmen.

Ich äußerte auch in diesen beiden Schreiben meinen Unmut über das Einbehalten meines Personalausweises und die für mich daraus zusätzlich entstandenen Reiseeinschränkungen innerhalb der „DDR“. Die allgemeinen schlechten Lebens-

bedingungen schilderte ich und dass ich von der Behörde des Kreises nichts als nur Hinhaltung erfahren habe.
Es passierte daraufhin aber erst einmal gar nichts und die Wochen mit Warten vergingen, bis zu jenem Tag „X“ - dem 08.10.1984!

Bezirksverwaltung für
Staatssicherheit Karl-Marx-Stadt
Abteilung II

Karl-Marx-Stadt, 17. 8. 84
II/3/hü/1257/84 HA 3718

Karl-Marx-Stadt
24.8.84
1502

Bezirksverwaltung für
Staatssicherheit Karl-Marx-Stadt
~~Abt~~. /KD

Annaberg

Information

Auf der Grundlage der DA 2/83 des Genossen Minister teile ich Ihnen mit, daß ~~im~~/am 13. 8. 84 die Person/~~en~~

Ohly, Mario -
Bärenstein, Oberwiesenthaler-Str.
(für Sie erfaßt)

sich an die Ständige Vertretung der BRD in der DDR/~~die Botschaft~~ .... ~~in der DDR postalisch~~/telefonisch wandte(~~n~~).

Die BKG wurde am 17. 8. 84 über den Sachverhalt vorinformiert.

Sachverhalt:

Verbindungsaufnahme erfolgte zur Übermittlung der Personalien im Zusammenhang mit seinen Übersiedlungsabsichten in die BRD.

Entsprechend aktueller Weisungen des Genossen Minister und des Leiters der BV sind durch Sie die erforderlichen Maßnahmen einzuleiten.

Nach Prüfung des Sachverhaltes bitte ich um Beantwortung folgender Fragen:

- große Personalien/Staatsbürgerschaft
- Grund der Erfassung
- Motiv der Verbindungsaufnahme
- eingeleitete Maßnahmen.

Um Rückantwort in zweifacher Ausfertigung bis zum 12. 9. 84 wird gebeten.

Leiter der Abteilung

i.V. [Unterschrift]

Oberstleutnant

Abhörprotokoll der Verbindungsaufnahme 17.08.1984

Kreisdienststelle Annaberg   Annaberg, 06.10.1984

Maßnahmeplan
zur operativen Bearbeitung des OV "Amboß" Reg.Nr. 2460/84
gem.: §§ 219, 220, StGB

Der Verdächtige steht im begründeten Verdacht zur Durchsetzung seiner Übersiedlungsabsichten staatliche Organe der DDR unter Druck zu setzen. Zur Verwirklichung dieser Zielstellung fertigte der Verdächtige Schreiben an zentrale staatliche Organe an, in denen er die Arbeit der Mitarbeiter des Rates des Kreises diskriminierte und in verleumderischer Art herabwürdigte.
Der Ohly unterhält enge Verbindung zu einer Antragstellerkonzentration in seinem Heimatort und führt mit diesen Personen Absprachen und Erfahrungsaustausch.
Zur Durchsetzung seiner Übersiedlungsabsicht setze er sich am 14.08.1984 telefonisch mit der Ständigen Vertretung der BRD in der Hauptstadt Berlin in Verbindung und unterrichtete diese Einrichtung über seine Übersiedlungsabsicht. Weiterhin übermittelte die Angaben zu seiner Person.

Zielstellung der Bearbeitung

In Verbindung mit der Abteilung IX der BV Karl-Marx-Stadt ist das vorhandene op. Material kurzfristig zu analysieren und eine Grundlage für die Aussprache bei der Abteilung Inneres zu erarbeiten, mit dem Ziel

- der Einleitung strafrechtlicher Maßnahmen

- der vorbeugenden Verhinderung und Unterbindung jeglicher feindlicher Handlungen.

Termin: 06.10.1984
verantw.:   Oltn.

1.) Weiterer zielgerichteter Einsatz des IMS "Licht" mit der Zielstellung
   - der weiterern Aufklärung der Pläne und Absichten des Verdächtigen,
   - der Schaffung von Beweismaterialien
   - der weiteren Aufklärungen der Verbindungen des Verdächtigen und seiner Aktivitäten in Bezug auf die Verwirklichung seiner Übersiedlungsabsicht.

Maßnahmeplan OV „Amboß“

2

Termin der Beauftragung: 06.10.1984
Berichterstattung : 2 mal wöchentlich
verantw.: Gen. Oltn. Pfeiffer

2.) Weiterer zielgerichteter Einsatz des IMS Franz Schuster" zur Aufklärung der Aktivitäten des Verdächtigen im Freizeitbereich.

Termin der Beauftragung: 06.10.1984
Berichterstattung : 2 mal wöchentlich
verantw.: Gen. Hptm.

Leiter der Kreisdienststelle

Oberstleutnant

Maßnahmeplan OV „Amboß“

Die Verhaftung

In der Zwischenzeit hatten Simone und ich trotz meiner Entscheidung, die „DDR“ zu verlassen, eine schöne und unbeschwerte Zeit. Im Nachhinein betrachtet leider viel zu kurz!

Simone und ich versuchten es zu vermeiden, in dieser gemeinsamen Zeit über die Ausreise zu sprechen und es einfach auch gedanklich zu verdrängen. Dass ich ohne sie gehen würde, wenn es denn soweit kommen sollte und ich die Ausreisegenehmigung bekäme, stand wie ein schwarzes Unwetter über uns. Würden wir das verkraften?
So gingen wir aber wie gewohnt auf Arbeit und freuten uns auf die gemeinsamen Stunden nach Feierabend und am Wochenende.

Am Freitag vor dem 08.10.1984 bekam ich einen Anruf auf Arbeit. Es war der Rat des Kreises mit der Mitteilung, dass ich am Montag, den 08.10.1984 um 10.00 Uhr bei ihnen erscheinen soll. Es würde um meinen Antrag gehen.
Ja, sollte das nicht ein gutes Zeichen sein? Hatten meine zwei Schreiben doch etwas bewirkt? Vielleicht die Genehmigung meines seit Januar gestellten Antrages auf Ausreise oder doch nur wieder eine Ablehnung?
Ich wußte es nicht.
Mir war trotzdem etwas mulmig im Bauch. War es Vorahnung?

Simone erzählte ich nichts von diesem Anruf. Bei einer erneuten Ablehnung wären im Vorfeld nur unnötig Tränen vergossen.

Also wollte ich erst einmal abwarten, was sich so bei diesem Termin ergibt.

Früh an diesem Montag habe ich Simone noch zu ihrer Arbeitsstelle in den ca. 5 km entfernten Ort gefahren, wo sie als Büroangestellte in einer Fabrik arbeitete.
Wir beide wussten an diesem Morgen nicht, dass es das letzte Mal sein sollte. Auch wussten wir nicht, dass wir uns für eine sehr lange Zeit nicht wiedersehen werden.

Ich bin danach gleich zur Arbeit gefahren, um dort auch noch einige Vorbereitungen für den Arbeitstag zu treffen.
In der Kreisstadt befand sich die Metallgenossenschaft. Diese war unser Zulieferer für benötigte Metallwaren und diverse Arbeitsmaterialien. Natürlich gab es manche Dinge dort auch erst nach langer Vorbestellung. Sie waren aber stets bemüht, einfachste Dinge wie Bohrer, Gewindeschneider oder Schraubzwingen zu besorgen.

Da wir für diese Woche noch einiges an Material wie Sauerstoff und Gas zum Schweißen sowie Rohrmuffen für Geländer benötigten, beschloss ich, diese Sachen dort noch vor dem anberaumten Termin abzuholen.
Ich nahm an, dass es auf dem Rat des Kreises sowieso nicht so lange dauern wird.
Wenn es sich wieder nur um eine erneute Ablehnung meines Antrages handelt, wäre ich noch vor der Mittagspause wieder zurück auf Arbeit.
Weit gefehlt, wie sich noch herausstellen sollte!

Ich habe das Auto von meinem Vater genommen, einen Wartburg, dazu den Anhänger für das Material und die Gasflaschen. So bin ich über die Metallgenossenschaft zum Rat des Kreises gefahren.
Ich stellte das Auto dort auf dem gegenüberliegenden Parkplatz des Gebäudes ab.

Nach kurzem Warten im Gebäude des Rates des Kreises wurde ich so um 10.00 Uhr von zwei Beamten mit der Aussage, dass mein Antrag auf Ausreise abgelehnt sei, in ein Zimmer gerufen.
„Gut", sagte ich, „dann brauchen wir ja nicht weiter zu reden und ich kann gleich wieder gehen!"
Aber so schnell wollten sie mich dann doch nicht gehen lassen.

Ich soll mich erst einmal setzen, sie müssten doch noch etwas mehr mit mir besprechen.
Dann legten sie mir meine beiden letzten Schreiben vor.
Aha, wie vermutet ging meine Post nicht nach Berlin und auch nicht an den Rat des Bezirkes.
Da hatte wohl einer auf unserem Postamt im Ort die Aufgabe, genau eben solche Post von den Antragstellern auszuspionieren.
Nun, sie wussten darüber also Bescheid.

Dann hieß es, ich sei sehr hartnäckig und würde keine Ruhe geben, obwohl mein Antrag endgültig abgelehnt wurde. Was ich mir dabei gedacht hätte, „SIE" einfach übergehen zu wollen, um es an einer anderen, höheren Stelle zu versuchen!

Sie würden mich schon eine ganze Weile beobachten und ich wäre nicht so clever wie mein Freund, der Lehrer!
Interessant, dachte ich.

Ich hätte noch eine Möglichkeit, hier und heute aus der Sache herauszukommen: Ich nehme meine letzten zwei Beschwerdeschreiben und meinen Ausreiseantrag zurück! Dann könnte ich wieder gehen, ansonsten wäre es eine Sache für den Staatsanwalt.

Eine Sache für den Staatsanwalt? Was sollte das heißen? Ich war mir keiner Schuld bewusst! Was ich geschrieben hatte, war die Wahrheit und meine Gefühle! Also, warum sollte ich es dann zurücknehmen?

Einer von den beiden ging darauf aus dem Zimmer.
Nach einer Weile kam er wieder und sagte, er habe nun den Staatsanwalt angerufen. Ich wäre ja nicht bereit, die ganze Sache zurückzunehmen.
Sie drohten mir!
Außerdem wären „Sie" am längeren Hebel. Meine Beschattung und die ganze Aktion mit meiner Ausreise lief bei ihnen bereits unter dem Decknamen Operation „Amboss".
Da ich ja Schmied bin, würde es ja passen, sagten sie.
Darauf konnte ich mir den Spruch: „Man soll das Eisen aber auch schmieden, so lange es warm ist!" nicht verkneifen.

Einer der beiden meinte nur noch, ich hätte Rückgrat, andere Ausreisewillige hätten an dieser Stelle und unter diesen Umständen den Antrag bereits zurückgenommen.
Tja, nun...

Nach einer kurzen Weile klingelte das Telefon. Einer der Männer verließ erneut das Zimmer und kam mit einem Mann wieder. Dieser sollte mich mit zum Staatsanwalt nehmen. Vor der Tür wartete bereits noch ein zweiter Mann. Beide waren in Zivil gekleidet. Sie nahmen mich in die Mitte und wir verließen zusammen das Gebäude vom Rat des Kreises.

Auf meine Frage, wo es denn hingehe, sagte einer, sie seien nur von der Kripo und sollten mich mit zur Dienststelle nehmen. Ansonsten wüssten sie nichts weiter.
Das Auto meines Vaters solle erstmal auf dem Parkplatz stehen bleiben.

Mit einem zivilen Lada, der vor dem Gebäude parkte, sind wir dann zur Kripo gefahren. Diese war in dem Gebäude der Kfz.- Zulassungsstelle, ganz oben unter dem Dach, untergebracht.
Dort angekommen, bin ich in ein Zimmer gebracht worden, musste mich setzen und wurde von einem der Kripobeamten bewacht. Dieser fragte mich dann, warum sie mich denn überhaupt abholen mussten.
Man hatte es ihnen also doch nicht gesagt, dachte ich.

Nach meiner Schilderung der Situation meinte er nur, dass andere Leute kommen würden, um mich mitzunehmen - zum Staatsanwalt - könne sein. Mehr wusste er nicht. Nach einem belanglosen Gespräch über Autos, dieses und jenes wurde plötzlich die Tür aufgerissen und es kamen drei Männer in Zivil hereingestürmt.
Einer hatte eine Baskenmütze auf.

„Ist das der Mann?" rief er dem Kripobeamten zu. Der bejahte die Frage.
Der mit der Baskenmütze zu mir gewandt: „Taschen ausleeren, Gürtel raus, Schnürsenkel raus, los, los!!"
Ich war total perplex, bin ich im falschen Film? Was geht denn hier ab?
Die Autoschlüssel vom Auto meines Vaters bräuchte ich sowieso erst mal nicht, hieß es. Meine anderen persönlichen Sachen gäbe es später wieder. Ich wurde abgetastet.

Das Auto meines Vaters stand ja immer noch auf dem Parkplatz beim Rat des Kreises.
Es hieß, dass sie sich darum kümmern und die Schlüssel meinem Vater abgeben würden.
Viel später habe ich erfahren, dass sie sogar einen Peilsender zur Standortbestimmung an das Auto gebaut haben.
Toll, ist ja wie im Krimi.

Dann ging es aber schon weiter: „Arme nach vorn! Los, los!" giftete er.
Zack! Und schon hatte ich zum ersten mal in meinem Leben Handschellen dran!

Ich sagte nur: „Langsam, ich laufe ihnen schon nicht weg und außerdem muss ich noch mal auf die Toilette zum „Wasser lassen". Ich bin ja nun schon eine ganze Weile unterwegs".
O.k., sie ließen mich bei geöffneter Tür und unter Bewachung auf die Toilette.

Nachdem ich fertig war, packte mich der mit der Baskenmütze am Kragen und ab ging es im Schweinsgalopp die Stufen runter bis vor die Tür des Gebäudes und gleich rein in einen dort parkenden B1000 Kastenwagen. Ein Auto vergleichbar mit einem VW Bus.

In dem B1000 waren kleine Boxen eingebaut, ca. 6 bis 8 Stück ohne Fenster, mit Türen und innen ohne Licht. In eine dieser Boxen wurde ich reingezwängt. „Ruhe und keinen Ton!“ zischte mich der Typ mit der Baskenmütze an.

So, da saß ich nun mit Handschellen in einem Auto, welches von Stasi - Typen irgendwohin gefahren wird, ohne dass zu Hause bei mir jemand wusste, wo ich bin.
Ich denke mal, es war inzwischen ca. 12.45 Uhr.

Rat des Kreises Annaberg
Abt.Innere Angelegenheiten

Annaberg,den 8.10.1984

P r o t o k o l l

über die Aussprache mit Herrn O h l y , Mario; wohnhaft in
9303 Bärenstein,Oberwiesenthaler Straße von 11.00-12.00Uhr

Herr OHLY erschien zur Aussprache auf Vorladung.
Zu Beginn der Aussprache wurde durch unterzeichnende Mitarbeiter Bezug genommen auf die Schreiben des OHLY vom 25.7.und 26.7.1984 an den Rat des Kreises Annaberg,Abt. Innere Angelegenheiten. Herrn OHLY wurde diesbezüglich nochmals eindeutig klargelegt, daß in seiner Angelegenheit keinerlei rechtliche Voraussetzungen für eine Antragsbearbeitung und - genehmigung bestehen.
Daraufhin erklärte Herr OHLY demonstrativ, daß " Sie gar nicht mehr zu diskutieren brauchen, wenn es nicht um die Genehmigung seiner Übersiedlung in die BRD geht."

Diese Äußerungen wurden durch Unterzeichner zurückgewiesen und Herrn OHLY wurde ausgehend von den in der Vergangenheit mit ihm durchgeführten Aussprachen letztmals zur Kenntnis gegeben, daß sein Antrag auf Übersiedlung in die BRD nicht bearbeitet bzw. genehmigt wird.

Im weiteren Verlauf der Aussprache wurde Herr OHLY durch unterzeichnende Mitarbeiter zu einer Stellungnahme hinsichtlich der in den o.g. Schreiben vom 25. und 26.7.1984 enthaltenen Passagen mit herabwürdigenden Formulierungen gegen die Tätigkeit staatlicher Organe der DDR aufgefordert.
Daraufhin äußerte Herr OHLY, daß er auf dem Inhalt dieser Schreiben einschließlich der Formulierungen mit herabwürdigendem Inhalt bestehe, da es " eine Tatsache" sei, daß er in der DDR " eingesperrt " ist, wofür er eine entsprechende Begründung in seinen Antragsschreiben abgegeben habe. In der Aussprache gab Herr OHLY dazu weiter an, daß er sich auf Grund der ihm nichtgenehmigten Übersiedlung in die BRD durch die zuständigen staatlichen Organe der DDR sowie durch die ihm seitens der Grenzsicherungskräfte der DDR im Frühjahr 1984 verwehrte Ausreise in die CSSR in der DDR " eingesperrt " fühle. In diesem Zusammenhang äußerte er wie bereits in seinen Antragsschreiben, daß die ihn betreffenden Maßnahmen durch vorgenannte Organe sowie durch die von den Organen der DVP vorgenommene Ausstellung eines vorläufigen Personalausweises PM 12 eine " Herabwürdigung seiner Person " sowie eine " Behandlung als Verbrecher " darstelle. Diese herabwürdigende Äußerung bezog Herr OHLY ebenfalls auf die durch Mitarbeiter des Rates des Kreises Annaberg weisungsgemäß erfolgte Abfertigung im Vorraum des Ratsgebäudes.

Bezug nehmend auf sein Schreiben vom 25.7.1984 äußerte Herr OHLY provokatorisch, daß er in der DDR " vom Staat wie ein Sklave behandelt " werde, " der bloß Pflichten habe und keine Rechte."

Protokoll der Aussprache 08.10.1984

Herr OHLY verlieh dieser Äußerung mit den Worten Nachdruck, daß er"sehr wohl wisse, was unter dem Begriff -Sklave- zu verstehen ist,da er dies von der Schule her kenne."
Wiederholt reagierte er auf die Forderung von Unterzeichnern, sich umgehend von derartigen, die Tätigkeit staatlicher Organe der DDR herabwürdigenden Äußerungen zu distanzieren, mit den Worten:

" - das ist die Wahrheit,
- ich fühle mich in der DDR wie ein Sklave, der rechtlos ist und nur arbeiten muß
- ich distanziere mich nicht davon, da es die Wahrheit ist."

An dieser Stelle der Aussprache wurde Herr OHLY darauf hingewiesen, daß seine Ausfälle gegen die Tätigkeit staatlicher Organe der DDR strafrechtliche Sanktionen gemäß § 220 StGB nach sich ziehen können, da sie zur Herabwürdigung der Tätigkeit staatlicher Organe der DDR sowie der Staatsordnung der DDR geeignet sind.

Ungeachtet dessen ignorierte Herr OHLY jegliche Argumente der unterzeichnenden Mitarbeiter und äußerte, daß ihm das " egal " sei, weil es " die Wahrheit" wäre.
Auf dieser Position beharrte Herr OHLY auch nach der ihm zur Kenntnis gegebenen Mitteilung, daß von seinem herabwürdigendem Auftreten die Sicherheitsorgane der DDR informiert würden.
Diesbezüglich sagte er, " Wenn Sie das als Herabwürdigung werten, dann ist das eben so.Ich habe Ihnen alles gesagt und gehe nicht davon ab."

Auf die Herrn OHLY gestellte Frage nach weiteren Aktivitäten zur Durchsetzung der Übersiedlung in die BRD, insbesondere nach Einschaltung von ausländischen Stellen, antwortete Herr OHLY, daß er etwa im August 1984 telefonisch Verbindung zur Ständigen Vertretung der BRD in der DDR aufgenommen habe.
Diesbezüglich erklärte er, daß sich unter ihm bekannten Antragstellern in Bärenstein, konkret unter den Personen

sowie unter anderen Antragstellern, bei einem Gaststättenaufenthalt in Bärenstein herumgesprochen habe,daß die Registrierung als Antragsteller durch die Ständige Vertretung der BRD eine Möglichkeit zur Erreichung der Übersiedlung sein könnte.
OHLY habe seinen Angaben zufolge zwar gewußt, daß ein solches Vorgehen unzulässig ist, und den staatlichen Interessen der DDR widerspricht. Auf Grund der Zurückweisung seines Antrages durch die staatlichen Organe der DDR habe er aber keinen anderen Weg als die Einschaltung der Ständigen Vertretung der BRD zur Verwirklichung seiner Zielstellung gesehen. Er berief sich auch auf Sendungen des BRD-Fernsehens, aus denen hervorging, daß sich die Vertretung der BRD für namentlich bekannte Antragsteller in der DDR einsetzt.
Nach Angaben des OHLY rief er etwa im August 1984 von der Wohnung einer in seinem Haus wohnhaften Familie aus die Ständige Vertretung der BRD in der DDR an. Bei diesem Gespräch übermittelte er seinen Vor - und Familiennamen, seine Wohnanschrift sowie sein Geburtsdatum.

Protokoll der Aussprache 08.10.1984

Blatt 3

Außerdem teilte Herr OHLY in diesem Telefonat mit, daß er Antragsteller auf Übersiedlung in die BRD sei, daß die Übersiedlung zu seiner Tante erfolgen soll und verband dies mit der Bitte um Unterstützung.

Herr OHLY erklärte heute, daß ihm am Telefon durch eine männliche Person gesagt wurde, daß seitens der Ständigen Vertretung der BRD keine Möglichkeit zur Unterstützung gegeben sei.

Herr OHLY bekundete in diesem Zusammenhang mehrfach, daß er sich über die Unrechtmäßigkeit dieser Handlungsweise im Klaren war, er aber auf Grund der erfolgten Zurückweisung seiner Antragstellung einen Ausweg zur Erreichung der Übersiedlung in die BRD sah.

Mitarbeiter der Abteilung Innere Angelegenheiten	Mitarbeiter der Abteilung Innere Angelegenheiten

Protokoll der Aussprache 08.10.1984

In Stasi U-Haft

Auch wenn der B1000 keine Fenster hatte, merkte ich an den Kurven der Strecke, dass wir in Richtung Bezirksstadt unterwegs waren. Ich war diese Strecke in meiner Lehrzeit und später zur Meisterschule sehr oft gefahren und kannte sie wie aus dem „FF".
Das Endziel in der Stadt selbst konnte ich aber leider nicht feststellen.
Der B1000 hielt an. Ein Geräusch wie von einer Mischmaschine drang herein. Später habe ich erfahren, dass es der Motor für das große Stahltor bei der Stasi U - Haftanstalt war.

Ein kurzes Stück noch fuhr das Auto, hielt dann wieder und die Tür wurde aufgerissen.
„Los, raus hier, bisschen flott!" wurde ich angeherrscht.
Es ging einige Stufen hoch und in ein großes graues Gebäude rein. Ich versuchte mich umzudrehen und einen Blick zu riskieren, um zu sehen, wo ich denn nun eigentlich bin. Ich konnte nichts erkennen und man stieß mich die Treppen hoch ins Gebäude.

Der mit der Baskenmütze übergab mich an einen uniformierten Mann. Ich wusste nicht, zu welcher „Truppe" er gehörte oder welchen Rang er hatte.
Die Vorhalle in dem Gebäude war mit Holz vertäfelt. Ich musste mich mit dem Gesicht zur Wand stellen. „Los! Beine auseinander, Arme an die Wand!" Er knallte mir seine Schuhe in die Hacken. Dann wurde ich wieder erst einmal abgetastet. Wie im Film, dachte ich mir.

Ich hatte keine Ahnung, was die bei mir finden wollten.

Bei dem erneuten Versuch etwas zu sehen hieß es: „Hier gibt es nichts zu sehen, umdrehen! Los, Gesicht zur Wand!“

Auf meine Frage, wo ich denn hier bin und wo denn der Staatsanwalt wäre, bekam ich keine Antwort.
Auch mein Wunsch, ein Telefonat zu führen, man hätte doch in solchen Fällen immer eines frei, wurde mit Gelächter abgelehnt. Ich würde zu viele Kriminalfilme anschauen, hieß es. Hier gibt es so etwas nicht.
Mist!
Da ich ja nun schon einige Stunden unterwegs war und nur mein Vater als Einziger wusste, dass ich einen Termin beim Rat des Kreises hatte, wollte ich ihn unbedingt erreichen.
Aber leider ließ mich die „Bande“ nicht telefonieren!

Nach einer kurzen Weile, ich musste immer noch mit dem Gesicht zur Wand stehen, hieß es dann: „Los! Mitkommen!“
Es ging einen mit Holz vertäfelten Gang entlang. An dessen Ende wurde dann eine Blechtür aufgeschlossen.
Wumm! Und dahinter war ich nun - mitten im Knast!

Alfred Hitchcock hätte sich keine bessere Kulisse vorstellen können. Eine große Halle mit vielen Zellentüren, rotes gedämpftes Licht und drei Etagen. Jede mit einem Maschendraht gegen Herabspringen oder Hinabstoßen gesichert. Auf jeder Etage, am Geländer, stand ein Schließer und glotzte mich an.
Als erstes ging es in einen größeren Raum gleich links vor den Zellen.

Es war die Kleiderkammer. Ich musste mich komplett ausziehen.
Alles? Ja, alles!

Geldbeutel, Uhr, Wohnungsschlüssel hatte der mit der Baskenmütze ja schon einbehalten und weitergegeben. Alle restlichen persönlichen Klamotten mussten abgegeben werden. Es sollte ja alles seine „Ordnung“ haben und natürlich auch, damit nichts verloren geht. Ich musste dafür unterschreiben.
Was für Kleidergröße ich denn habe, fragte der hinter dem Tresen. 48, war meine Antwort.
Der Typ verschwand hinter Regalen, die voll mit Sträflingsbekleidung waren.
In der Zwischenzeit hieß es von dem Schließer, der mich geholt hatte: „Los! Bücken, Arschbacken auseinander, Fußzehen auseinander!“ Was suchten „Die?“
Es war entwürdigend! Ich war fassungslos.

Ich bekam eine blau gestreifte Hochwasserhose ohne Gürtel, nur mit einem Bindfaden zum Zubinden. Dazu ein blau gestreiftes Hemd. Alles im „Fleischerhemden - Look“. Ein paar Socken und Filzlatschen.

Von der Kleiderkammer ging es direkt in eine Zelle. Nachdem die Blechtür hinter mir zuging und mit lautem Schlüsselrasseln verschlossen wurde, kamen sie, die tausend Gedanken.
Was hast du gemacht?
Wie geht es zu Hause weiter?
Was macht Simone?
Was werden sie mit dir machen? Und, und, und....

Wie sagte man immer: „Du kannst rauben, morden und plündern, aber du darfst dich nicht politisch äußern - sonst sieht es schlecht aus!“
Es sah verdammt schlecht aus!

Und das Schlimmste - ich saß jetzt in einer Zelle, allein mit meinen Gedanken an zu Hause, die Familie, die Liebsten, und ich konnte nichts machen. Nichts ändern, ich der Ohly - Schmied!
Ich suchte Hilfe und Beistand im Gebet.

Die Zelle war ca. dreieinhalb Meter lang und zweieinhalb Meter breit.
Auf der rechten Seite eine Holzpritsche. Darauf lag eine mit dünnem Heu gefüllte Matratze, ein Stuhl und ein kleiner Tisch.
In der Ecke neben der Tür war eine offene Kloschüssel, ein kleines Waschbecken und ein eingemauerter kleiner Spiegel.
Neben dem Tisch auf der linken Seite war ein Heizkörper, der nur von außen geregelt werden konnte.

Ein kleines Fenster hatte die Zelle auch. Es war aber mit matten Glasziegeln versetzt vermauert, um nicht nach draußen schauen zu können. Mit einem Brett als Schieber konnte man es gegen die Kälte einigermaßen verschließen.

Dieses Gefängnis stammte sicher noch aus „Führers Zeiten“ oder ist sogar noch älter. Da war ich mir sicher. Was diese Mauern bereits alles so miterlebt hatten, wollte ich mir gar nicht vorstellen.

Ab und zu glotzte ein Schließer durch den Spion in die Zelle.

Später, es könnten so ein, zwei Stunden vergangen sein, ging mit einem Schlag eine kleine Klappe in der Blechtür auf: „Wie viel Brot?“ raunzte eine Stimme hindurch. Was heißt hier: „Wie viel Brot?“ fragte ich nach. Ich hatte ja keine Ahnung. „Ja, wie viele Scheiben Brot“ kam es zurück.
„Zwei Scheiben“ sagte ich dann schließlich.

Auf die nach außen geöffneten Klappe, durch die vielleicht gerade mal ein Kopf passte, wurde eine Schüssel aus Plastik mit zwei Scheiben Brot gestellt. In der Schüssel lag dazu ein nicht ganz frisch riechendes gekochtes und bereits geschältes Ei. Ein Stückchen Margarine sowie aus einer kleinen Dose herausgenomme Blutwurst. Dazu gab es aus einem Plastikbecher Tee, der nach Bahndamm roch, so schmeckte und zudem noch mit „Hängulin“, also mit Potenzhemmer versetzt war. Ich nahm die Sachen und die Klappe wurde wieder mit einem Rums geschlossen.
Da ich seit dem Frühstück am Morgen bis jetzt nichts gegessen hatte, habe ich mich nun gezwungen, meinen ersten Biss in das Brot zu machen, als daraufhin der Schlüssel in der Tür rasselte.

Ein Schließer öffnete und sagte: „Los, mitkommen und Ruhe, keinen Mucks!“
Wir gingen durch die in rotem Dämmerlicht liegende Halle bis zu einer Gittertür, dahinter ging es eine Treppe hinunter in einen Flur mit mehreren Holztüren.

Vor einer dieser Türen musste ich stehen bleiben, der Schlie-

ßer schaute in das dahinter liegende Zimmer. Er machte eine Meldung hinein und schickte mich dann in das Zimmer.
In dem Zimmer stand ein Mann, ca. 45 Jahre alt. Er forderte mich zum Setzen auf. Er stellte sich mir vor. Er war ein Offizier der Staatssicherheit und musste mit mir noch einige Dinge klären.
Auf meine Frage, wie lange sie mich hier denn überhaupt noch festhalten wollen, sagte er:
„Jetzt sind sie erst einmal hier..." und „...das Weitere hängt vom Staatsanwalt ab."
Der Staatsanwalt muss ein wichtiger Mann sein, dachte ich.
Aber, zu sehen bekam ich ihn nicht.

In der Zwischenzeit hatte er auch den Bericht von seinen Stasi - Kumpels aus dem Rat des Kreises von heute Vormittag vorliegen.
Er wolle nun noch mal mit mir die Sache im Einzelnen durchgehen, ließ er verlauten. Ich saß an einem Tisch mit einer grellen Lampe und er mir gegenüber an der Schreibmaschine.
So kaute er alles von heute früh noch einmal mit mir durch.

Dann versuchte er noch, mir die Aufwiegelung und Verschwörung von mehreren Ausreisewilligen gegen die Staatsordnung in meinem Heimatort anzuhängen. Ich sollte ihm doch endlich all die Namen der Personen nennen, mit denen ich mich immer getroffen hätte, man habe ja schließlich auch mein Auto vor deren Wohnungen gesehen.
So kann man ja auch noch versuchen, das Strafmaß für einen zu erhöhen, dachte ich.
Also hatten „Die" mich doch schon längere Zeit bespitzelt.

Ich beteuerte aber, bedingt durch meinen Beruf, dass mich mehr Leute kennen als andersherum. Auch die Personen, die er mir wiederum nannte und bestätigt haben wollte, sagten mir nichts weiter.
So ist er dann später zum Glück von der Aufwiegelungstheorie abgegangen.
Inzwischen war es ca. 24.00 Uhr.

Also fasste er nun zusammen, was haben „Wir" jetzt alles: „Öffentliche Herabwürdigung staatlicher Organe" - Anklagepunkt Eins.
Auf meine Feststellung hin, dass ich meine Schreiben nie öffentlich gemacht hatte oder gar öffentlich über diese gesprochen hatte, hieß es:
„Wir! Also die staatlichen Organe, sind das Volk und das Volk ist die Öffentlichkeit - somit Straftatbestand erfüllt!"
Dazuhin hätte ich gleich mehrere übergeordnete Stellen angeschrieben, sagte er. Das ist Tatmehrheit - Anklagepunkt Zwei.
Des Weiteren: Illegale Verbindungsaufnahme in den Westen - Anklagepunkt Drei.

Ich hatte ja beim Gespräch im Rat des Kreises heute morgen erwähnt, dass ich die ständige Vertretung der Bundesrepublik Deutschland in Ost - Berlin über meine Ausreiseabsicht informiert habe.
Ich erhoffte mir dadurch zumindest, eventuell, nicht irgendwohin von der Stasi verschleppt zu werden und dadurch in Vergessenheit zu geraten.
Aber dieses Telefonat war bereits, wie vermutet, abgehört worden und es war ihnen alles bekannt.

MINISTERIUM FÜR STAATSSICHERHEIT

Bezirksverwaltung Karl-Marx-Stadt

Streng vertraulich!
Um Rückgabe wird gebeten!

Karl-Marx-Stadt, 9. 10. 1984

2 Blatt

Nr. ....../......

1. Exemplar

Nur zur persönlichen Information!

INFORMATION

über

die Einleitung eines Ermittlungsverfahrens mit Haft gemäß §§ 219 (Ungesetzliche Verbindungsaufnahme) und 220 StGB (Öffentliche Herabwürdigung) gegen den

O h l y , Mario

geboren am in Tangermünde
wohnhaft: Bärenstein, Kreis Annaberg,
Oberwiesenthaler Straße
zuletzt tätig als Schmied in der
Schmiede Waldemar OHLY, Bärenstein
parteilos
Antragsteller auf Übersiedlung nach der
BRD seit dem 16. 1. 1984

durch die Bezirksverwaltung für Staatssicherheit Karl-Marx-Stadt

Verteiler:

1. Sekretär der SED-Bezirksleitung Karl-Marx-Stadt
1. Sekretär der SED-Kreisleitung Annaberg

Eröffnung des Ermittlungsverfahrens 09.10.1984

MINISTERIUM FÜR STAATSSICHERHEIT 2

Durch die Bezirksverwaltung für Staatssicherheit Karl-Marx-Stadt wurde am 9. 10. 1984 gegen den

O h l y , Mario

ein Ermittlungsverfahren mit Haft gemäß den §§ 219 und 220 StGB eingeleitet.

Der OHLY stellte am 16. 1. 1984 beim Rat des Kreises Annaberg, Abteilung Innere Angelegenheiten, einen Antrag auf Übersiedlung nach der BRD, der von diesem staatlichen Organ zurückgewiesen wurde.

Da der Beschuldigte diese staatliche Entscheidung nicht akzeptierte und unter allen Umständen seine Übersiedlung nach der BRD durchsetzen wollte, sandte er bis Juli 1984 demonstrativ weitere Schreiben an den Rat des Kreises Annaberg sowie an den Rat des Bezirkes Karl-Marx-Stadt, Abteilung Innere Angelegenheiten. Darin hetzte er gegen die Staatsorgane und diskriminierte gröblichst die Staats- und Gesellschaftsordnung in der DDR.

Mit dem Ziel, seine Übersiedlung nach der BRD zu erzwingen, nahm der Beschuldigte weiterhin im August 1984 Verbindung zur Ständigen Vertretung der BRD in der DDR auf und übermittelte dieser Einrichtung Informationen im Zusammenhang mit seinem Antrag auf Übersiedlung nach der BRD.
Der Beschuldigte OHLY kalkulierte dabei ein, daß diese Informationen zum Nachteil der Interessen der DDR im kapitalistischen Ausland veröffentlicht werden.

Die Untersuchungen sind noch nicht abgeschlossen.

Eröffnung des Ermittlungsverfahrens 09.10.1984

Später in der Zelle wurde mir klar, dass das ganze Verhör nur dazu diente, eine Anklageschrift für den Staatsanwalt gegen mich zu erarbeiten.

Ich wurde so gegen ca. 1.00 Uhr nachts wieder in die Zelle zurückgebracht. Das Essen war bereits weggeräumt.
Egal, nach diesem aufregenden Tag hatte ich sowieso keinen Hunger mehr.
Der Staatsanwalt erließ dann am Ende des zweiten Tages einen Haftbefehl gegen mich. Nach diesem war ich seiner Meinung nach einer der schlimmsten Staatsfeinde, die es je gegeben hat.
Lächerlich! Nur, mir war es nicht nach Lachen zumute.

Was in den tollsten Krimis vorkommt, die man gelesen hat, in Filmen die man gesehen oder davon gehört hat, wie z.B. dass man ein Telefonat frei hat oder dass man nach 24 Stunden ohne Vorlage eines gültigen Haftbefehls wieder frei- gelassen werden muss, das alles, musste ich feststellen, gibt es wirklich nur im Buch oder im Film und gilt hier bei der Stasi nicht!

Ich konnte nicht viel schlafen, es gingen mir wieder dieselben Gedanken durch den Kopf. Was werden „Die“ mit mir machen? Was macht Simone? Was ist zu Hause los? Und, und, und...

Früh, es muss so gegen 7.00 Uhr gewesen sein, ging die Klappe in der Zellentür auf und es wurde wieder nach „Wie viel Brot?“ gefragt.
Dazu gab es in der Plastikschüssel, wir nannten diese später

„Hundefressnapf", Marmelade, etwas Margarine und den berüchtigten Tee oder Muckefuck. Ich verdünnte mir diesen mit Leitungswasser.
Nach dem Essen lag ich auf der Pritsche und hing den Gedanken nach, betete um Beistand für einen guten Verlauf in dieser misslichen Lage sowie für Eltern, Bruder und Freundin. Ab und zu glotzte ein Schließer durch den Spion.

Da ich ja alle meine persönlichen Sachen in der Kleiderkammer abgeben musste und so auch keine Uhr hatte, habe ich entweder versucht, beim Schließer auf dessen Armbanduhr einen Blick zu erhaschen oder beim Verhör geschaut, wie spät es war.
So gegen ca. 10.00 Uhr rasselte der Schlüssel in der Tür, sie wurde aufgerissen und es hieß wieder mal „Los! Mitkommen".

Was wird jetzt wieder auf mich zukommen?
Der Schließer nahm mich mit, durch die Halle im roten Licht, dann hindurch durch die Gittertür in den langen Gang mit den vielen Türen, in denen die Verhöre stattfanden.
Er öffnete dort eine andere Tür als gestern Abend, grüßte hinein und wies mich an einzutreten.
Dort saß ein Mann ca. 30 Jahre alt, blond, in ziviler Kleidung, der auf freundlich machte und mich etwas blöd angrinste.

Vor ihm auf dem Tisch erkannte ich einige Sachen, die aus meiner Wohnung waren. Unter anderem ein Buch, es war ein Roman aus der Zeit von 1939. Dieses wurde von der Stasi mit beschlagnahmt und vernichtet. Gab es da früher nicht

schon mal etwas mit Bücherverbrennung? „Die“ sind auch nicht besser, dachte ich bei mir.
Auch mein Adressbüchlein und der Ordner mit den Kopien meiner geschriebenen Ausreiseanträge lagen da. Die Originale hatten sie natürlich ebenso, wie sich später herausstellte. Desweiteren Fotos und andere persönliche Dinge.

Er stellte sich als Hauptmann vor, der nun beauftragt sei, verschiedene grundlegende Dinge, die am ersten Abend nicht angesprochen worden sind, mit mir abzuklären und diese zu protokollieren.
Es hat alles mit meinem Antrag auf Ausreise zu tun. Ich soll mich setzen und nur auf seine Fragen antworten.
Wie kamen die eigentlich zu meinen persönlichen Sachen, ging es mir durch den Kopf?

Später, viel später, habe ich erfahren, dass in der Zeit, als ich bereits in der Zelle saß, einige Stasi - Mitarbeiter das Auto meines Vaters, in dem ja zwischenzeitlich ein Peilsender installiert worden war, nach Hause gefahren haben.
Dass dann auch gleich bei mir in der Wohnung sowie in meiner Garage eine Hausdurchsuchung durchgeführt wurde. Dabei ist Verschiedenes an „Beweismaterial“ beschlagnahmt und mitgenommen worden.

Nun ging der Stasi - Typ eine Adresse nach der anderen aus meinem Adressbüchlein mit mir durch. Er fragte mich über jeden, der darin stand, aus, ob bekannt oder verwandt, Freund oder Freundin, einfach alles.
Dazu seine scheinheilige und schmierige Art. Das Grinsen, mit dem er seine Machtposition mir gegenüber zeigte.

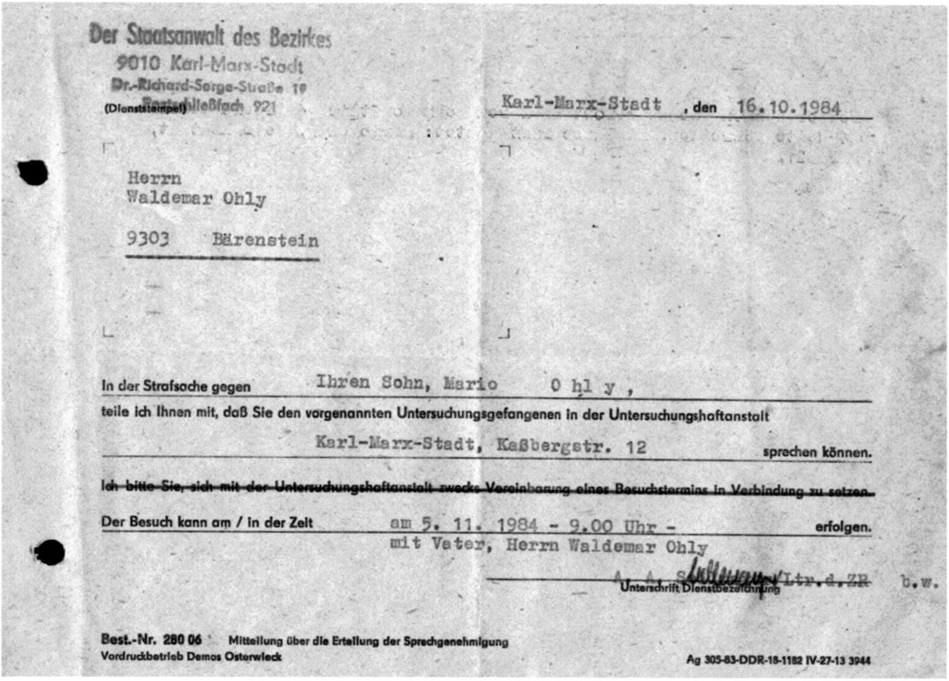

Der Staatsanwalt des Bezirkes
9010 Karl-Marx-Stadt
Dr.-Richard-Sorge-Straße 19
Postschließfach 921
(Dienststempel)

Karl-Marx-Stadt, den 16.10.1984

Herrn
Waldemar Ohly

9303 Bärenstein

In der Strafsache gegen Ihren Sohn, Mario Ohly,

teile ich Ihnen mit, daß Sie den vorgenannten Untersuchungsgefangenen in der Untersuchungshaftanstalt

Karl-Marx-Stadt, Kaßbergstr. 12 sprechen können.

~~Ich bitte Sie, sich mit der Untersuchungshaftanstalt zwecks Vereinbarung eines Besuchstermins in Verbindung zu setzen.~~

Der Besuch kann am / in der Zeit am 5. 11. 1984 - 9.00 Uhr - erfolgen.
mit Vater, Herrn Waldemar Ohly

i. A. [Unterschrift] Ltr.d.ZR b.w.
Unterschrift Dienstbezeichnung

Best.-Nr. 280 06 Mitteilung über die Erteilung der Sprechgenehmigung
Vordruckbetrieb Demos Osterwieck

Ag 305-83-DDR-18-1182 IV-27-13 3944

Besuchserlaubnis für meinen Vater 16.10.1984

Zynisch lobte er mich, welch ein ordentlicher Mensch ich doch sei. Bei der Hausdurchsuchung war alles ordentlich aufbewahrt, ein Griff und sie hätten alle meine Unterlagen bei der Hand gehabt. Ich würde es im Westen, wenn es denn je einmal dazu kommen sollte, weit bringen.
Toll, das war jetzt auch kein Trost für mich.

Sie wussten über viele Dinge von mir Bescheid, wie z.B. meine unternommenen Reisen oder Besuche bei Kumpels. Wann und wo ich zur Disco war. Ich könne ruhig dies und jenes zugeben, ändern würde es jetzt sowieso nichts mehr.

Auch war ihnen bekannt, dass unsere Familie sich viel für die evangelische Kirchgemeinde einsetzte. Mein Bruder und ich hatten unsere Meisterstücke für die Kirche im Ort angefertigt.
Kirche und Staat passten nicht zusammen. Derjenige, der sich nur konfirmieren ließ, hatte schlechte Karten bei der späteren Berufswahl.

Im Nachhinein habe ich erfahren, dass sogar die Frau des Kirchendieners ein IM - inoffizieller Mitarbeiter(in) des MfS - war und den „eigenen“ Pfarrer bespitzelt hat. Auch einer von meinen ehemaligen Lehrern aus der Schule im Ort war ein Stasi - Spitzel! Wie viele es von denen „freiwillig“ gemacht haben oder von der Stasi dazu gezwungen worden sind - dies wissen nur sie selbst.

Von den beschlagnahmten Fotos wurde nun jedes einzelne in Augenschein genommen. Jeder, der darauf war, musste na-

mentlich benannt werden und es wurde darüber ein Protokoll geführt.
Wie sich auch hier später herausstellte, war einer von den Kumpels, der mit auf den Fotos und bei unseren Feten dabei war, ein Stasi - Spitzel gewesen.

Zum Essen wurde ich zwischendurch zurück in die Zelle gebracht und etwas später wieder abgeholt, um bis spät in die Nacht hinein weiter verhört zu werden.
Es wurden auch Fingerabdrücke genommen und mit kleinen Nummertäfelchen wurden Fotos gemacht, wie man es bei einem Schwerverbrecher aus den Filmen her kennt.

Es wurde ein fingierter Telefonanruf zur Aufnahme meiner Stimme geschaltet, indem aus einem anderen Raum mit einer Abhöranlage einer bei dem Hauptmann der Stasi anrief.
Ich musste ans Telefon und sie haben dann irgendwelchen Quatsch gefragt, auf den ich antworten musste.
Die Stimmenerkennung könnte ja für später sein, wenn ich eventuell aus dem Westen telefoniere, oder ich beleidige dann per Telefon „öffentliche Organe“ der „DDR“.
So hätten sie ein sicheres Beweismittel gegen mich, meinten sie.

In dieser Zeit, es waren drei Tage der Einzelhaft mit den langen Verhören, wurde strikt darauf geachtet, dass sich immer nur einer der Strafgefangenen auf dem Weg durch die Halle des Gefängnisses befand.
Man hätte ja sonst vielleicht jemanden unter den anderen Gefangenen erkennen können.
Am zweiten Tag der Einzelhaft hörte ich in der Nachbarzelle

jemanden die ganze Nacht bitterlich weinen. Dies ging auch noch den ganzen nächsten Tag lang so. Es waren also auch noch Leute inhaftiert, denen es psychisch viel schlechter ging als mir, stellte ich fest.

Viele Protokolle später und wieder im Zimmer des Stasi - Offiziers - es gab nun fast nichts mehr, was sie noch wissen wollten- überreichte er mir so nebenbei einen Brief von meinem Vater.
Auch Simone hatte eine halbe Seite darauf schreiben dürfen. Er war bereits geöffnet und von der Stasi kontrolliert, abgezeichnet und für mich freigegeben.
Es war wie ein Schlag ins Gesicht. Es war Leid, Freude und Liebe zusammen.
Mir kamen die Tränen!
Es war die erste Nachricht von zu Hause! Von den Eltern und von Simone!
Wie hatte mein Vater meinen Aufenthalt herausbekommen? Wie geht es zu Hause meiner Mutter? Es schossen mir tausend Fragen durch den Kopf.

Der von der Stasi sah nun erneut seine Chance, mir in dieser verletzlichen Situation überheblich, arrogant und von oben herab seinen Standpunkt über Staatsverbrecher wie mir klar zu machen.
Ich musste mich zusammenreißen, um ihm nicht an die Gurgel zu springen. Aber das wollte er ja nur. Da wäre vielleicht noch ein Jahr Knast mehr für mich drin gewesen.

Bärenstein, den 07.11.84

Lieber Mario!

Der neue Monat hat begonnen und wir können Dir wieder einen Brief schreiben. Mutti, Simone, Heino waren froh und dankbar als sie hörten, daß es Dir soweit gut geht, den Umständen entsprechend. Ich selbst war ebenfalls froh und dankbar, daß ich mit Dir sprechen konnte. Und das wir nichts falsch gemacht haben in unserer Aufregung und Verzweiflung, in bezug auf die Rechtsberatung. Und das Du es Dir selbst wählen konntest, wie Du es für nötig und richtig hälst. Wir hätten natürlich von uns aus auch alles mögliche versucht, was uns zur Verfügung steht, Dir lieber Mario zu helfen. Vielleicht ein kleiner Trost, Dir lieber Sohn, daß man Dir Anerkennung, Achtung, Lob jetzt immer noch in Deiner Abwesenheit uns gegenüber von Dir ausspricht, für Deine beruflichen Fähigkeiten, Leistungen und Hilfsbereitschaft in allen Belangen jedermann gegenüber. Auch liebe Grüße von der Evelin, in Ihrem Brief, Gott hilft uns nicht [illegible] am Leiden vorbei, aber er hilft uns hindurch. Die Tageslosung v. Dienstag 6.11 trifft für mich zu, In deine Hände befehle ich meinen Geist; du hast mich erlöst, Herr, du treuer Gott. Ps 31.6 Auch liebe Grüße von Tante Minchen, sie ist sehr fleißig tätig mit Bernd, hat sie uns berichtet. Herzliche Grüße Dir lieber Mario von Mutti, Heino und Dein Vat, nun überlasse ich Deine Simone die übrigen Zeilen für euch beide. Gottes Gnade und Liebe sei mit Euch beide.

Mein lieber Mario! Am Montag war ich ja nun mit in K.-M.-St. und es war ganz schrecklich zu wissen, daß Du ganz in der Nähe und doch soweit weg von mir bist. Doch ich freue mich, daß es Dir ziemlich gut geht und mache mir deswegen auch keine Sorgen mehr. Ich denke immer an Dich! Du sollst wissen, daß ich bei dieser, vielleicht sehr langen Trennung, keine Angst habe. Wir werden es ganz sicher schaffen und dann für immer beieinander sein. Ich liebe Dich so sehr und Du bist es mir wert, diese Zeit auf mich zu nehmen und auf Dich zu warten, egal, was noch kommt. Zu Hause gab es keinen Ärger und wird es auch nicht geben. Im Betrieb auch nicht. Die Bilder laß ich Ingo entwickeln und Deine anderen Sachen habe ich in die Kasette gelegt. Diese Woche werden wir noch die Doppelfenster rannmachen. Sauber helfen habe. Bei Oma Linke war es sehr schön. So doll habe ich schon lange nicht mehr gelacht. Oma hat aber auch paar Ausdrücke auf Lager und außerdem ging es bei ihr wie Mario hinten und Mario vorne. Ich mußte wirklich erstmal lauthals verkünden, daß Du jetzt mir gehörst! Nach einem strengen Blick hinter der Brille hervor, nannte sie dann auch alle anderen. Mit Opa und dieser fitten Macke von Hund war ich an der Elbe spazieren. Wie schön wäre es gewesen, wenn Du mitgewesen wärst. Ja mein lieber Mario! Wir müssen ganz zuversichtlich sein. Ich küsse Dich! Deine Simone

Ein Brief meiner Lieben 07.11.1984

Schließlich sagte ich ihm ins Gesicht, dass er sich wohl gerade in dieser Situation sehr stark fühle und es ihm Spaß bereite, dies auszunutzen.
Er grinste blöd. Vielleicht hatte er sich erhofft, mehr gegen mich zu finden, um das Strafmaß zu erhöhen.

Dann erklärte er mir, wie der weitere Ablauf hier sein wird, da er soweit alle Beweise und Fakten zusammen hätte.
Bis zu meiner gerichtlichen Verhandlung wird sicher noch einige Zeit vergehen und die Protokolle werden dem Staatsanwalt zur Auswertung und für die Anklageschrift übergeben.

So nebenbei fragte er, ob ich einen Anwalt möchte. Da mir keiner in den Sinn kam, der sich für meine Sache und gegen die Stasi einsetzen würde, verneinte ich. Er grinste wieder.

Also, sagte er, ich dürfe nun jede Woche einen Brief von einer DIN A4 Seite nach Hause schreiben. Es dürften aber keine Angaben zur Sache selbst, zum Knast, zum Essen oder was sonst in irgendeiner Weise mit meinem Ausreiseantrag zu tun hat, geschrieben werden. Ansonsten gehe der Brief nicht raus und es gebe keinen weiteren Postverkehr mehr.
Besuch würde ich nach Terminabsprache und zwar nur von meinem Vater für eine halbe Stunde bekommen.
Nur Hände geben, keine Umarmung.

Andere Personen und die Freundin seien nicht zum Besuch zugelassen. Die Freundin könne sowieso froh sein, dass sie eine halbe Seite mit auf den Briefen meines Vaters schreiben darf!

Insgeheim hoffte ich aber, dass Simone mich doch noch mit besuchen dürfte.

Schon allein der Gedanke, dass so ein fieser widerlicher Typ sich über die geschriebenen Gefühle meiner Liebe lächerlich macht, hat mit dazu geführt, dass ich deshalb meine Gefühle gegenüber Simone in schriftlicher Form zurückgehalten habe. Ich wollte Simone aber unbedingt wiedersehen. Die Beziehung zu ihr konnte doch so nicht enden!
Auch hatte ich mal gehört, dass im Gefängnis geheiratet werden dürfe.
Der Typ von der Stasi hat auf diese Frage von mir wiedermal nur gelacht!
Vielleicht haben sie es auch aus dem Grund abgelehnt, weil ja der Bruder von Simone bei den Grenztruppen der Nationalen Volksarmee war?
Ich wußte es nicht.
So schrieb man nur vom Wetter, von der Gesundheit und fragte, wie es Demjenigen oder Derjenigen gehe.

Nachdem ich wieder in der Zelle eingeschlossen war und ich am nächsten Morgen das „tolle" Frühstück hinter mich gebracht hatte, rasselte der Schlüssel und die Tür wurde aufgestoßen. „Los, Bettzeug zusammenpacken und mitkommen!" raunzte der Schließer.

Ich trat in die Halle. Die Nachbarzelle, aus der das Weinen kam, war ebenfalls aufgesperrt und ein blonder Junge kam mit seinem Bettzeug unter dem Arm heraus.

DER STAATSANWALT
des Kreises Annaberg
9300 Annaberg-Buchholz 1
Steinweg 4

UV XIV/2983/84 –57–

1 - 173 - 84 Annaberg-Buchholz, 09. 11. 1984

Kreisgericht Mitte-Nord
Strafkammer

9040 Karl-Marx-Stadt H a f t s a c h e

A n k l a g e s c h r i f t

Den Schmied

O h l y , Mario

geb. am in Tangermünde
wh. 9303 Bärenstein, Oberwiesenthaler Straße
ledig, keine Kinder
Bürger der DDR
nicht vorbestraft

klage ich an,

mehrfach öffentliche Herabwürdigungen und in Tatmehrheit eine ungesetzliche Verbindungsaufnahme begangen zu haben.

In 2 Schreiben an die Abteilung Innere Angelegenheiten beim Rat des Kreises Annaberg und beim Rat des Bezirkes Karl-Marx-Stadt vom 25.07. und 26.07.1984 sowie in einer mit ihm am 08.10.84 beim Rat des Kreises Annaberg, Abteilung Innere Angelegenheiten, geführten Aussprache macht er die staatliche Ordnung und die Tätigkeit der staatlichen Organe verächtlich, indem er u.a. behauptet, als Verbrecher und Sklave behandelt zu werden, eingesperrt und rechtlos zu sein.

Am 13.08.1984 nahm er telefonische Verbindung zur Ständigen Vertretung der BRD in der DDR auf und übermittelte Nachrichten, die geeignet sind, die Interessen der DDR zu schädigen. Er gab Mitteilung über sein Antragsgeschehen, seine Personalien und über die in der BRD lebende Zielperson.

Vergehen gem. §§ 220 Abs. 1 und 2, 219 Abs. 2 Ziff. 1, 63, Abs. 2 StGB

Anklageschrift 09.11.1984

„Keinen Mucks, beide!“ und „Mitkommen!“ hieß es. Wir gingen nach rechts an mehreren Zellentüren vorbei, bis einer der beiden Schließer erneut eine Zelle mit lautem Schlüsselrasseln aufschloss. „Los, rein da!“ giftete er uns an. Hinter uns knallte die Tür zu.

In der Zelle, sie war etwas größer als die vorige Einzelzelle, war bereits ein Mitgefangener. In dieser Zelle waren nun drei Pritschen, an jeder Wand eine, aber ansonsten war es genau so eingerichtet wie die Einzelzelle. Ich nahm für mich die Pritsche unter dem Fenster.

Zwei Stühle und der Tisch waren auf der linken Seite vor die Heizung und zwischen eine Pritsche geschoben. Dadurch musste immer einer beim Essen auf der Pritsche sitzen.
Rechts neben der Zellentür war das Klo, auf das ab jetzt nur noch in der Nacht gegangen wurde. Ein Vergnügen war das natürlich für alle nicht, ohne Licht und bei laufendem Ermahnen: „Drück den Kasper!“

Das kleine Waschbecken und der eingemauerte Spiegel waren neben dem Klo rechts an der Wand. Über der rechten Pritsche war noch ein einfaches Regal, in dem jeder seine persönlichen Sachen, wie Trinkbecher und später auch Zucker und etwas vom Sprechergeschenk stellen konnte.
Wir waren nun zu dritt in einer Zelle. Es tat gut, endlich mal wieder mit jemand anderem zu sprechen als mit der Stasi.
Nur, konnte man den anderen trauen? Man sagte auch: „Traue niemandem, nicht einmal dir selbst!“ Also erzählte man erst einmal häppchenweise, wer man war und weshalb man hier sitzt. Wo man herkommt, von der Familie und von zu Hause.

In dieser Zeit entstand folgendes Gedicht:

Das Kaßberg - Gedicht.

Nun sitz ich hier
und es gibt kein Bier.

Die Tür ist verriegelt,
durch den Spion ab und zu
ein Schließer schiegelt.

Drei Pritschen, drei Stühle und ein Tisch -
die Eier sind auch nicht immer frisch!

Zum Abendbrot Wurstkonserven
aus Notbeständen der NVA - Hurra,
sie sind noch da!

In der Wand ein Spiegel, eingemauert -
hinter dem vielleicht eine Wanze lauert?

In der Ecke ein Klo, auf dem man kann scheißen,
wobei sich die anderen vor lachen fast „zerreißen".

Das Fenster versetzt, zugemauert mit Glasziegeln,
mit einem Brett, kann man es verriegeln.

Was geht da draußen eigentlich vor?
Dieses Geräusch - ist es eine Mischmaschine oder ein Tor?

Der Junge aus der Nachbarzelle, der laufend geweint hatte, war 16 Jahre alt.
Die Grenztruppen hatten ihn und seinen Bruder bei dem Versuch, die „DDR“ mit einem Faltboot über die Ostsee zu verlassen, erwischt. Ein klarer Fall von Republikflucht. Die beiden konnten noch froh sein, dass nicht geschossen wurde.
Später beim Briefschreiben hat er erfahren, dass seine Eltern ebenfalls verhaftet und hierher zur Stasi gebracht worden sind.
Es ging ihm ziemlich an die Nerven, dass er seine Eltern in der Nähe wusste, aber nicht sehen durfte.
Dadurch kam es, dass er nachts ins Bett machte, was bei der kleinen Zelle und der schlechten Belüftung keinen angenehmen Geruch verbreitete.
Er schämte sich sehr dafür.
Er hat dann tagsüber versucht, das Bettlaken in dem kleinen Waschbecken zu waschen und über der Heizung zu trocknen. Puh, war das ein Gestank!

Der andere Mitgefangene, er war eine ziemliche Labertasche, erzählte uns, dass er schon einmal im Knast war.
Nicht bei der Stasi, aber bei den „Kriminellen“. Dazu hatte er feuerrote Haare und einen eben solchen Vollbart. Sein Spitzname war „Bombe“ und er kannte sich mit Zusammensetzungen und chemischen Formeln von Arzneimitteln und deren lateinischen Namen aus. Sein Spezialgebiet und Hobby war aber der Sprengstoff.
Normalerweise wäre er auch diesmal nicht hier bei der Stasi, da Sprengstoffdelikte eigentlich zu kriminellen Handlungen zählen.

Leider hatte er aber im betrunkenen Zustand damit gedroht, das MfS, also das Ministerium für Staatssicherheit und die Polizei in die Luft zu sprengen, und somit galt er ebenfalls als politischer Staatsfeind.
Bei seiner späteren Verurteilung waren die Leute von der Beweissicherung und Ermittlung über seinen selbst gemixten Sprengstoff, den er zu Hause hatte, überrascht. Dieser hatte die Wirkung von TNT!

Natürlich konnte er uns auch sagen, wo wir uns genau befinden - bei der Stasi auf dem Kaßberg.
Er hatte auch von mehreren Ausreisewilligen im Vorfeld erfahren, dass es in der Stadt einen gewissen Anwalt gibt, der die Belange gerade solcher ausreisewilligen Personen vertritt und sich mit dem in Berlin lebenden RA Vogel, der als sogenannter „Menschenhändler“ bekannt war, in Verbindung setzt.
Prima, dachte ich.

Also verlangte ich beim nächsten Briefschreiben beim Stasi - Typ eine Verbindung mit diesem Anwalt.
Natürlich war der von der Stasi nicht gerade erfreut darüber, hat mich dann aber doch ein Formular mit einer Vollmacht für diesen Anwalt ausfüllen lassen.

In der Zwischenzeit, es gab einen festen Wochenplan, war an jedem Freitag Duschtag. Nach dem Frühstück wurde die Zelle mit rasselndem Schlüssel geöffnet.
Wir wurden von den Schließern nicht bei unseren Namen genannt, sondern mit der Zellennummer und dann mit den Zahlen eins bis drei von rechts nach links aufgerufen.

Ich war Strafgefangener 172, also die Zelle 17 und der zweite von rechts.
Es hieß: „Strafgefangene 171, 172 und 173 - los, raustreten, zack, zack!“ und „Ruhe!“

Die Duschen waren am anderen Ende auf der linken Seite der Haupthalle. Auf dem Weg dahin war wie immer Redeverbot angesagt und dazu tauchte das rote Licht alles in eine bedrückende Atmosphäre.
Der Duschraum war eine große, bis zur Decke geflieste Zelle mit einer Rinne im Boden und vielen Duschköpfen.
Wer weiß, was da mal raus kam?
Wir drei wurden für zwanzig Minuten dort eingeschlossen. Es gab zwei kleine Scheren für die Maniküre sowie für jeden ein Bettlaken zum Abtrocknen. Der Schließer glotzte ab und zu durch den Spion und achtete darauf, dass er am Schluss auch beide Scheren wieder bekam.

Dann gab es „frische“ Wäsche, die bereits in der Zelle auf den Pritschen lag. Bis dorthin mussten wir, nur mit dem Bettlaken umwickelt, zurückgehen. Bei Eintritt in die Zelle hat man es dann abgeben müssen. Auch neue Schlafanzüge gab es. Das Tollste daran war, diese waren von C&A!
Ja, so etwas! Westware aus dem kapitalistischem Ausland.

Da hatte doch eine frühere Freundin Recht.
Sie arbeitete in einem Textilbetrieb, in einem benachbarten Ort, der Kinderbekleidung herstellte. Einmal die Woche kam ein LKW aus dem Westen, der die fertig genähten Sachen für C&A, die in Lohnarbeit hergestellt wurden, abholte.
Da hatte die Stasi also auch dort ihre Finger mit im Spiel.

Aber vielleicht war es für hier im Knast ja auch nur die 2. Wahl?

Später sollte ich noch mehr darüber erfahren, auf welche Art und Weise dieser Staat einen Teil seiner Devisen verdiente.

Nach jedem Frühstück, es gab das Übliche zum Essen, Brot, Margarine, Marmelade, dazu ein nicht ganz frisch gekochtes Ei, wurde uns nach der Abgabe der Schüsseln durch die Klappe ein elektrischer Rasierapparat hereingereicht. Dieser war nicht mehr ganz auf dem neuesten Stand der Technik und kratzte dadurch furchtbar.
Da ich mich bis dahin nur nass rasiert hatte, sah ich im Gesicht aus wie ein Streuselkuchen.
Tja und in der Not, da auch der eingemauerte Spiegel fast blind war, „pickelten" wir uns gegenseitig.

Aber auch sonst half man sich gegenseitig, z.B. mit einer kleinen Operation!
Der Sechzehnjährige hatte, durch seinen seelischen Stress, ein Gerstenkorn mit einer Anschwellung so groß wie ein halber Daumennagel im unteren inneren Augenlid bekommen. Dieses ging auch nach einigen Tagen, trotz einer Augensalbe, die vom Schließer auf unser Drängen hin gebracht wurde, nicht weg.
Also klopften und klingelten wir an der Tür, bis der Schließer kam.
Ja, es gab einen Klingelknopf für äußerste Notfälle innen neben der Tür, fast so wie im Krankenhaus.
Er glotzte durch den Spion, raunzte rum und fragte, was das soll und was wir wollen.

Wir verlangten Nadel und Faden, um angeblich etwas zu nähen. Man durfte als U - Häftling keine spitzen oder scharfen Gegenstände in der Zelle haben wegen der Suizidgefahr.

Nach einer Weile brachte er uns etwas widerwillig die Nadel und ein Stück Faden. Nachdem er verschwunden war und „Bombe“ sich innen vor den Spion gestellt hatte, stach ich mit der Nadel das Gerstenkorn im Augenlid auf und drückte den ganzen Eiter heraus.
Der „Patient“ war ziemlich tapfer und hielt die Schmerzen aus.
Die Schwellung des Augenlides ging dann zum Glück auch nach einigen Tagen wieder zurück.
Mit dem Faden spielten wir im Anschluss „Fingerspiele“, mussten ihn aber zusammen mit der Nadel dem Schließer nach ca. zehn Minuten wieder durch die Klappe abgeben.

„Bombe“ kannte sich durch seinen früheren Aufenthalt im Knast auch mit der „Zellenkommunikation“ aus.
Es waren Klopfzeichen, bei denen man das Alphabet benutzte und sich so mit der Nachbarzelle austauschen konnte.
Also, der Buchstabe A war einmal klopfen und bei G musste man siebenmal klopfen usw.
Man fragte mit zwei kurz hintereinander folgenden Klopfzeichen direkt an der Wand der Nachbarzelle an, ob ein „Gespräch“ geführt werden kann.
Wenn o.k., wurde zweimal zurück geklopft und es konnte losgehen.
Wenn ein Buchstabe fertig war, klopfte man nach einem kleinem Abstand zweimal kurz hintereinander.
Ist der Buchstabe erkannt, wurde einmal zurück geklopft,

wenn nicht, zweimal. So konnte man ganze Worte und Namen aus einzelnen Buchstaben zusammensetzen.

Nur einen Nachteil hatte das Ganze leider, man wusste vorher nicht, wer in der Nachbarzelle saß. Da kam es schon mal vor, dass plötzlich die Tür unter lautem Schlüsselrasseln aufgerissen wurde und der Klopfer für einen Tag in einer Einzelzelle oder schlimmer in der „Gummizelle“ verschwand.
Auch glotzten die Schließer immer wieder durch den Spion, so dass oft abgebrochen werden musste. Eine langwierige Sache eben.

Eine weitere Möglichkeit der Unterhaltung bestand darin, indem man an das Abflussrohr der Toilette klopfte, und bei Gegenzeichen pumpte man mit der „Lissi“, so nannten wir die Toilettenbürste, den Siphon vom Klo leer.
Danach konnte man sich, wenn es ruhig war, mit den Inhaftierten der darunter oder darüber liegenden Zelle unterhalten.

Mal abgesehen vom Gestank, da man ja dabei den Kopf fast ganz in der Kloschüssel haben musste, bestand immer das Risiko, vom Schließer erwischt zu werden und dann dafür einen Tag in Einzelhaft gesperrt zu werden.

Um solche Kommunikationen, die meistens nachts durchgeführt wurden, zu unterbinden, hat die Stasi einen Motor oder eine Pumpe im Keller mit den Abwasserrohren verbunden und laufen lassen. Dadurch entstand ein Brummen an den Rohren, das ein Gespräch unmöglich machte.

Nun gab es auch für uns Drei einmal am Tag, außer Sonntag, „Ausgang“.
Aber nicht, wie man es sich vorstellen würde, irgendwie draußen ganz im Freien. Nein, es war in extra dafür gemauerten Boxen, den sogenannten „Schweineboxen“.
Etwa zwei Meter breit und vier bis fünf Meter lang mit einem Gitternetz überspannt. Die Mauern waren ca. vier Meter hoch, oben standen Schließer, die alles überwachten.
Lautes Sprechen war absolut verboten. Man durfte sich nur im Flüsterton unterhalten, da sich in den Nachbarboxen ebenfalls zum „Freigang“ Mitgefangene befanden.
Diese hätten ja ansonsten irgendetwas hören können.

Wer trotzdem versuchte zu rufen oder laut zu sprechen, für den war der Freigang auf der Stelle beendet und zusätzlich für eine Woche gesperrt. Leider aber auch für die Zellengenossen, nach dem Motto „Mitgefangen - Mitgehangen!“
Also versuchte man ruhig zu bleiben, um wenigstens etwas frische Luft schnappen zu können.

Als ich wieder einmal beim Briefschreiben war, fragte ich den blonden Stasi - Offizier nach einer Bibel.
Oh, was hatte ich da getan?!

Er rollte mit den Augen, grollte und erklärte mir, dass es so etwas hier nicht gibt. „Wir sind hier nicht in einer Kirche!“ schnauzte er und außerdem, was ich denn damit überhaupt möchte?
Dann wiederum grinste er, als wollte er sagen: „Bekommst du sowieso nicht!“

Und plötzlich tat er auch noch so, als kenne er solch ein Buch gar nicht.
Ich ließ nicht locker und fragte wieder nach.

Bei einem darauf folgenden Treffen sagte er dann schließlich, dass ich schriftlich beim Anstaltsleiter einen Antrag für die Bibel stellen müsste. Ob dieser dann aber genehmigt würde, sei fraglich, da er ja schon vorher gesagt habe, dass dies hier keine Kirche sei.
Also stellte ich einen schriftlichen, formlosen Antrag für eine Bibel an den „Herrn Anstaltsleiter“. Der von der Stasi nahm ihn mit grimmigem Gesicht zur Weiterleitung mit.

Danach hörte ich erst einmal eine ganze Weile nichts mehr. Ich fragte aber jedes Mal, wenn es Essen gab, beim Schließer nach, ob schon ein Bescheid vorliegen würde.
Auch beim nächsten Treffen mit dem Stasi - Typ fragte ich wieder, aber dieser verneinte nur und er wisse von nichts. Sein Name sei „Hase“, sagte er nur.
Blödel, dachte ich.

Aber, sagte er so nebenbei, in der Zwischenzeit sei ein Termin für einen anstehenden Besuch mit meinen Vater vereinbart worden.
Als er mir das sagte, war ich aufgeregt und aufgewühlt zugleich. Sollte ich mich freuen oder weinen? Was werde ich erfahren? Wie geht es zu Hause? Was macht Simone?
Aber, halt! Vor dem „Sack“ keine Gefühle zeigen, sonst nutzt er es wieder aus!

Der Tag kam und ich sah das erste Mal nach der Verhaftung meinen Vater wieder!

Wir fielen uns trotz Verbot in die Arme, was natürlich gleich wieder ermahnt wurde.
Hui, mein Vater hätte mir ja eine Feile zustecken können!

Er sah übermüdet und gestresst aus, aber auch glücklich, mich gesund zu sehen.

Wir mussten uns an einen langen Tisch setzen, jeder an die Stirnseite, und dann durften wir über die Familie und alles andere reden, nur nicht über die eigentliche Sache, also genau wie in den Briefen. Der von der Stasi stand neben dem Tisch und war ganz Ohr...

Mein Vater berichtete mir, dass es meiner Mutter nicht so gut gehen würde, den Umständen entsprechend. Dass sie deshalb auch nicht mit hergefahren und zu Hause geblieben sei. Mit hereinkommen dürfte sie ja auch nicht.
Wir müssten nun alle das Beste daraus machen, meinte er.

Er sagte mir auch, dass Simone mit hier sei. Dass sie leider im Auto warte, da sie nicht mit herein durfte. Ihr würde es auch gesundheitlich nicht so gut gehen, da meine Verhaftung sie ziemlich mitgenommen habe.
Als ich das hörte, sind meine Gefühle Achterbahn gefahren!
Simone war hier, ganz nah!
Ich wollte, ich will sie sehen, umarmen - aber Scheißdreck!
Wie wird es mit uns weitergehen?
Mein Vater und Simone wollten weiterhin versuchen, ein Besuchsrecht für sie zu bekommen.
Werden Simone und ich uns vielleicht doch noch in Kürze wiedersehen?

Es war schon so unerträglich, wenn sie von ihrer Liebe zu mir auf einer halben Briefseite schreiben durfte und ich es ihr nicht auch in dieser Art und Weise zurückgeben konnte.
Mehr, als dass ich sie liebe, viele Küsse, dass sie tapfer sein muss und durchhalten soll, konnte ich meinem Vater für Simone in dieser Situation nicht mitgeben.
Das Gleiche galt für meine Mutter und meinen Bruder.
Die halbe Stunde ging rasend schnell rum.
Die Besuchszeit war um.

Der Stasi - Typ erklärte dann im Beisein meines Vaters noch einige obligatorische Dinge.
Zu jedem Sprecherbesuch, so wurde der Besuchstag genannt, durfte mein Vater 20,00 Mark der „DDR“ für mich auf mein Häftlingskonto einzahlen.
Zusätzlich dazu durfte er noch Obst mitbringen.
Es war dabei gut, dass unsere Tante aus der Bundesrepublik Päckchen mit allerlei tollen Sachen geschickt hatte, die es in der „DDR“ nicht gab, wie z.B. Grapefruit.
Mit dem eingezahlten Geld konnte man sich zusätzlich Bonbons, Kekse, eine Tüte Zucker, Senf, Tabak oder Zigaretten kaufen.

In dieser Nacht nach dem ersten Besuch lag ich noch lange wach und musste vor allem an Simone und meinen Vater denken. Wie würde es nun weiter gehen?

Als ich den nächsten Brief nach Hause schreiben durfte, ging der Stasi - Typ noch einmal kurz auf den Besuch meines Vaters ein. Was kommt jetzt wieder, dachte ich.
Er hat es sich nicht verkneifen können, mir nun zu sagen, dass

ich ein großer Lump wäre. Dass ich meine Familie in solch eine missliche Lage, in Verzweiflung und Ärger gestürzt hätte. Ganz davon abgesehen wie ich mein sozialistisches Vaterland behandeln würde, in dem ich doch alle Vorzüge bekommen hätte und diese auch ausnutzte. Ich sei selber schuld, dass ich nun hier sitzen würde!

Oh, ja. Da stellt sich mir doch die Frage: „Wer reißt hier die Familie auseinander und trennt Liebende?“

Danach sagte mir der Stasi - Typ so nebenbei, dass sich in der Zwischenzeit auch der Anwalt über seinen Unterhändler, ebenfalls Anwalt, bei ihnen gemeldet hätte und dass sie meinen Fall übernehmen.
Ein Gesprächstermin mit diesem Anwalt vor meiner gerichtlichen Verhandlung würde dann noch kurzfristig festgelegt.
Es stellte sich später heraus, dass dies auch nur eine „Lachplatte“ werden sollte. Alles nur Show! Das Fernsehgericht lässt grüßen!

Nach etwa vier Wochen flog wieder mal laut die Klappe auf. Es war nach dem Abendbrot - bestehend wie immer aus Wurst der ausgemusterten, abgelaufenen NVA - Konserven, Brot und Margarine. Ein Schließer rief hindurch: „ Strafgefangener 172, hier eine Bibel zur Eigenbenutzung, keine Weitergabe - für eine halbe Stunde einmal die Woche immer Mittwochs - Zeit läuft ab jetzt!“
He! Was war los? Haben sie doch noch eine Bibel gefunden? Der Schließer glotzte ab und zu durch den Spion, um zu kontrollieren, ob ich auch wirklich selbst lese oder noch von den anderen beiden jemand die Bibel benutzte.

Die halbe Stunde war ruck zuck um. Es tat mir gut, in dieser ganzen verfahrenen Situation Beistand im Wort zu finden.

Als ich dann beim nächsten Mal auf das Bitten meiner Zellengenossen eingegangen war und etwas laut aus der Bibel vorgelesen hatte, flog nach kurzer Zeit die Klappe auf: „Los, her mit der Bibel, sofort!“ schnauzte es hindurch.
„Die halbe Stunde ist aber noch nicht rum“ sagte ich „und außerdem habe ich die Bibel nur selbst benutzt“.
Er bestand auf die Rückgabe.
Auf meine Frage, was das nun jetzt soll, hieß es lapidar: „Da es jetzt ja mehrere Personen sind, die etwas von der Genehmigung haben, in der Bibel zu lesen, wird die Zeit auf eine viertel Stunde verkürzt.“
Tja, was sollte man da machen? Die Schließer waren einfach in einer besseren Position. Da ja nun jeder von uns dreien einen kleinen Anspruch auf die Bibel hatte, wechselten wir uns dann auch einfach beim laut Vorlesen ab.

Die Zeit verging und es war inzwischen Ende November. Die „Bombe“ hatte seine Gerichtsverhandlung hinter sich und war zu einem Jahr Strafvollzug verurteilt worden.
Ich wurde wieder einmal zu dem Stasi - Typ in den Keller gebracht. Er hatte eine miese Laune und raunzte mich an, was mir denn eigentlich einfallen würde, - was für ein Scheiß- Typ ich sei und, und, und....
Ich konnte ihm nicht folgen, sollte aber gleich aufgeklärt werden.
Der Ohly ist der einzige Gefangene, der drei Anwälte eingeschaltet hat, tobte er.
Wie viele? Ich wußte nur von einem.

Er sagte mir dann barsch, dass hier in der Stadt der Oberanwalt und sein Unterhändler für mich zuständig sind und dass auch der Anwalt Vogel in Ost - Berlin eingeschaltet wurde und zwar von westlicher Seite aus.
Ich staunte nicht schlecht.

Später habe ich erfahren, dass meine Verwandten im Westen einen Rechtsanwalt beauftragt hatten. Der hatte den für die Ausreise zuständigen Rechtsanwalt in West - Berlin informiert. Dieser Rechtsanwalt seinerseits war mit Anwalt Vogel in Ost - Berlin in Kontakt getreten und der hatte wiederum den Anwalt hier in der Stadt benachrichtigt.
Dann erfuhr ich noch, dass sich in der Zwischenzeit ebenfalls meine Eltern mit RA Vogel in Verbindung gesetzt hatten.
Kompliziert, wie alles andere.
„Viel hilft viel." sagte ich und war innerlich etwas stolz, den „Schweinebacken" etwas Stress verschafft zu haben.
Aber, habe ich das wirklich?
Ich war ja nun schon einiges gewöhnt, aber woher wussten „Die" das schon wieder alles? Ist die Welt voller Stasi - Spitzel - oder was?

Nachdem er sich etwas beruhigt hatte, gab er mir den Termin für meine Gerichtsverhandlung bekannt. Es war der 3. Dezember 1984. Auch den Gesprächstermin mit dem Unterhändler vom Anwalt sagte er mir. Ich war gespannt, da ich meinen sogenannten Pflichtverteidiger das erste Mal sehen würde.
Na, dem werde ich allerhand sagen! Hatte ich mir zumindest vorgenommen.

Der Tag, an dem ich den Anwalt treffen sollte, kam und die Tür wurde unter lautem Schlüsselrasseln aufgeschlossen und ich wurde in Richtung Ausgangshalle geführt.
Wie immer, Ruhe und keine falsche Bewegung.
An der vertäfelten Wand, an der ich schon bei meiner Verhaftung stehen musste, wurde eine Tür geöffnet.

In dem Zimmer saß an einem Tisch ein Mann, ca. 30 Jahre alt, mit Anzug, sah schnieke aus.
Mehr aber auch nicht.
Er stellte sich als mein Anwalt vor, ein Unterhändler vom beauftragten Rechtsanwalt. Ich soll mich setzen, da er mit mir über die bevorstehende Verhandlung sprechen möchte.
Ich hatte mir so viel vorgenommen, was ich ihm alles sagen wollte und was dies denn hier alles soll. Ob „Die“ das mit mir machen dürfen. Welche Möglichkeiten habe ich und was kann er für Simone tun.
Wie lange dürfen „Die“ mich festhalten und noch vieles mehr.

Aber in dem nicht allzu großen Raum war hinter dem Tisch und Stuhl, auf dem der Anwalt saß, ein roter, schwerer Vorhang, hinter dem einige Kabel verschwanden.
Ah, Vorsicht! Da war doch wieder die Stasi im Spiel! Die Wände haben Ohren!
Also, nichts Falsches sagen!
Mit dem Anwalt im Zimmer allein - schon möglich, aber da ist doch garantiert ein Tonbandgerät geschaltet.
Der Anwalt bestätigte dieses dann auch und sagte ernüchternd: „Es werden vom Gespräch Tonmitschnitte gemacht“.
Ach, so nennt man das also?

Ich hielt mich mit meinen Aussagen zurück und meinte nur: „Geld spielt keine Rolle. Hauptsache, Sie holen mich hier schnellstmöglich wieder raus - und dazu möchte ich auch noch ein Besuchsrecht für meine Freundin."
„Mal langsam" sagte er.

Er könne da nicht viel machen und außerdem sei das sowieso Angelegenheit des Gerichts, darüber zu entscheiden, wie es mit mir weitergeht.
Was soll das Gelaber, ich denke der ist Anwalt?
Im Nachhinein stellte sich heraus, er konnte gar nix!

Nach ein paar unbedeutenden Fragen zu meiner Person, die er stellte, ließ er mich wieder in die Zelle bringen.
Diese Pfeife, dachte ich bei mir. Ich war ärgerlich und unzufrieden.

Bis dahin dachte ich ja immer noch, dass ich die anfallenden Kosten für Anwalt und Gericht selbst bezahlen muss.
Nein, später habe ich erfahren, dass diese sogenannten Anwälte über den Senat in Westberlin bezahlt wurden. Dieses Geld kam wiederum vom Ministerium für innerdeutsche Beziehungen in Bonn.

Also, je mehr sich solche Schmeißfliegen als Scheinverteidiger für das angebliche Wohl unsereins bemühten, um so mehr klingelte die Kasse in harter DM für sie.
Somit ließ die „politische Verhaftungswelle" die Kasse klingeln...

Das Urteil

Der 3. Dezember war gekommen, der Tag meiner Verhandlung.
Da ich ja von der Stasi in Arbeitsklamotten verhaftet worden bin, hatten meine Eltern im Vorfeld der Verhandlung „ordentliche“ Sachen und Schuhe für mich abgeben dürfen.
Von einem Schließer wurde ich zur Kleiderkammer gebracht und musste mich dort umziehen.
Schick machen für das „Wohl des Volkes“!
Es warteten auch schon zwei Wachmänner in dunkelgrünen Uniformen, um mir Handschellen anzulegen und mich dann zum Gerichtsgebäude zu führen.

Einer davon grinste mich an und meinte: „ Wir gehen jetzt über den Hof ins Gerichtsgebäude und falls du dabei irgendwelche Mätzchen machen solltest, siehst du hier unseren Begleiter“ und dabei zeigte er auf seine Pistole. „Die 9 mm macht ganz schöne Löcher, da kommst du nicht weit und aufgestanden ist danach auch keiner mehr“.
So ein Fatzke, dachte ich. Wo will ich denn hier hin?
In den großen Käfig „DDR“ - nein danke, da war ich vorher schon.

Als ich dann mit den Handschellen in das Gerichtsgebäude und in den Verhandlungssaal gebracht wurde, sah ich zum großen Erstaunen meinen Vater sitzen.
Was eigentlich untypisch und schier unmöglich war. Solche Verhandlungen waren immer unter Ausschluss der Öffentlichkeit.
Es hat ihm später auch niemand geglaubt, dass er bei meiner

Verhandlung dabei gewesen war. Selbst mir ist es bis heute ein Rätsel, wie er es geschafft hat, dort dabei sein zu können.

Er saß ganz hinten in der letzten Reihe.
Als ich hereingeführt wurde, konnten wir uns nur einen kurzen Blick zuwerfen. Keine Worte, nur ein kurzes Nicken.
Wie muss er sich gefühlt haben, seinen Sohn in Handschellen wie einen Schwerverbrecher zu sehen?
Mir steckte ein „Kloß“ im Hals...

Die Verhandlung nahm ihren „DDR“ - typischen Verlauf.
Ich auf der einen Seite, der böse Bube, der diesen schönen, guten und fürsorglichen Staat einfach so verlassen will.
Auf der anderen Seite die angeblichen Hüter von „Recht“ und „Ordnung“, in einer für sie selbst errichteten Scheinwelt, der Diktatur der Arbeiterklasse.
„Alles zum Wohle des Volkes“ stand über ihren Köpfen.

Es wurden die Protokolle meiner Stasi - Akte verlesen. Die Gesichter der Schöffen wurden immer länger und grimmiger. He, ich bin hier der Grimmige!

Es wurden Fragen gestellt, warum und wieso ich denn überhaupt ausreisen möchte. Meine Antworten darauf wurden belächelt. Das stimme doch alles gar nicht, was ich sage, meinten sie mürrisch. Nee, ist alles nur von mir erfunden.
Eine Frau von den Schöffen fragte dann noch, welches Auto ich denn habe. Als ich sagte: einen Lada, prustete sie heraus: „Und ich selbst fahre nur einen Trabant! Was will denn der überhaupt?“

He, gute Frau, ich will in den Westen!

Die Staatsanwältin ließ kein gutes Haar an mir. Ich sei vom Westen total verseucht, durch Medien, durch Verwandte und sei nicht mehr auf den Weg des Sozialismus zurückzubringen. Ein Schmarotzer, der die sozialistischen Errungenschaften, wie die kostenlose Schulbildung, schamlos ausgenutzt habe, der die staatlichen Organe herabgewürdigt habe und die „DDR“ durch seine illegale Verbindungsaufnahme mit dem Westen in arge Bedrängnis hätte bringen können.
„Somit plädiere ich, die Staatsanwältin, vor diesem Gericht auf 18 Monate Freiheitsstrafe ohne Bewährung!“

Wow, das war starker Tobak für mich!
Ich musste erst mal schlucken. Haben die einen an der Latte? Meiner Meinung nach bin ich immer noch unschuldig und zwar in allen Punkten!

Halt! Da war ja noch mein Anwalt, der wird doch sicher was machen, oder?
Leider stellte sich dann heraus, dass der tolle Anwalt ein Plädoyer hielt, das vor diesem Gericht überhaupt nicht von Bedeutung war. Es war nicht einmal das Papier wert, auf das er es geschrieben hatte. Larifari.

Es war ein Feststellen der Tatsache, dass ich in den Westen zu meinen Verwandten will und dies mit allen Mitteln versucht habe durchzusetzen.
Bla, bla, bla… und dann schlägt der noch ein Strafmaß von nur 12 Monaten ohne Bewährung vor! Spinnt der?
Keine Chance! Auch meine Blicke konnten ihn nicht töten!

Dann kam es: „Im Namen des Volkes!“
Ah, lächerlich!
Leider war mir nicht nach Lachen zumute! Wo war hier das Volk? Eine Verarsche „Hoch Drei“!
Zack - und so wurde ich zu 18 Monaten ohne Bewährung verurteilt.

Das Einzige, was der „tolle“ Anwalt jetzt noch für mich tun könnte, wäre ein Berufungsverfahren einzuleiten. Ob ich denn damit einverstanden sei.
Ich bin hier mit gar nichts einverstanden! Aber was habe ich für eine andere Möglichkeit?
Also gab ich meine Zustimmung und er hat das Berufungsverfahren beantragt.

Natürlich wurde diese Berufung dann ohne Begründung und unter Gelächter der Schließer, die mir das Schreiben durch die Klappe der Zellentür reichten, abgelehnt.
Den Anwalt hatte ich nur zweimal zu Gesicht bekommen. Einmal zu der kurzen und schlechten Vorbereitung im Vorfeld der Verhandlung und dann bei der Verhandlung selbst, die ja auch nicht besser war. Tja, das war es dann.
Er hat sich auch in der Zeit, in der das Berufungsverfahren gelaufen ist, nicht mehr bei mir gemeldet. War wohl alles so geplant.

Später habe ich erfahren, dass dies bei allen politisch inhaftierten Ausreisewilligen so üblich war.
Nach dem Motto: Ich habe meiner Pflicht als Anwalt Genüge getan, jetzt lieber Westen, zahlt mal schön die angefallenen Anwalts- und Gerichtskosten.

Und der Westen hat bezahlt!

Nachdem die Gerichtsverhandlung vorbei war, wurden wir aus unserer Zelle innerhalb der Stasi U - Haft verlegt. Ich war nun abgeurteilter Gefangener und kam mit zwei „Neuen“, ebenfalls abgeurteilten Häftlingen zusammen in eine andere Zelle. Das einzig Gute an dieser Situation war, dass ich durch das laufende, zwar zum Schluss doch abgelehnte Berufungsverfahren noch über die Weihnachtsfeiertage in der Stasi U - Haft bleiben konnte.
Viele andere, die bereits vor Weihnachten abgeurteilt worden sind, mussten bereits in die Untersuchungshaftanstalt für kriminelle Strafgefangene wechseln. Von dort gingen dann die einzelnen Transporte in die verschiedenen Gefängnisse im Süden der „DDR“.
Dort in der Krimi U - Haft war es aber alles andere als lustig.

UV XIV/ 9183/84

Ausfertigung

~~3-84~~ 697/84

Urteil

IM NAMEN DES VOLKES!

In der Strafsache

gegen den Schmied

Mario Ohly,
wh. 9303 Bärenstein, Oberwiesenthaler Str. ,
PKZ: 070261 4 26235,
in dieser Sache in Untersuchungshaft seit dem 8.10.1984
in der UHA Karl-Marx-Stadt, Kaßbergstr. 12,

wegen mehrfache öffentlicher Herabwürdigung u.a.

die Strafkammer des Kreisgerichts Karl-Marx-Stadt – Mitte-Nord-
der Hauptverhandlung am 3. 12. 1984, an der teilgenommen haben:

Richter
als Vorsitzender

Frau Ökonom
Herr Ingenieur
als Schöffen

StA.
als Staatsanwalt

RA.
als Verteidiger

JP.
als Protokollführer

für Recht erkannt:

Der Angeklagte Ohly wird wegen Vergehen der mehrfachen öffentlichen Herabwürdigung, wegen Vergehen der ungesetzlichen Verbindungsaufnahme (§§ 220 Abs. 1 Abs. 2, 219 Abs. 2 Ziff. 1 StGB) zu einer

Freiheitsstrafe von 1 – einem – Jahr und 6 – sechs – Monaten

verurteilt.

Gemäß § 56 Abs. 1 StGB werden eingezogen: 1 Zettel mit Adressen, 1 Schreiben vom 29. 8. 1984 an den Staatsrat, 1 Schreiben an den Rat des Bezirkes Karl-Marx-Stadt vom 26. 7. 1984, 1 Schreiben an den Rat des Kreises Annaberg, 35 Fotokopien von Gesetzblättern, 1 Briefumschlag nach Herrenberg 1 Kuppingen, 4 Briefe vom BRD-Bürger Zimmer, 5 Blatt Ausarbeitungen, betreffs Ausreise.

Die Auslagen des Verfahrens hat der Angeklagte zu tragen.

Das Urteil vom, 03.12.1984

In der Krimi U-Haft

Auch bei mir und einigen anderen mehr war es dann Anfang Januar 1985 für den Umzug in die Krimi U - Haft soweit. Wir bekamen unsere zivilen Klamotten zum Anziehen in der Kleiderkammer. Dann wurden wir zusammen, wir waren 12 Mann, unter starker Bewachung durch mehrere Türen aus dem Stasi - Gebäude zu einer Schleuse in der Gefängnismauer, zu der benachbarten Krimi U - Haft gebracht. Natürlich alles ohne einen Mucks untereinander. Es hieß nur: Maul halten!

Es war auf Deutsch gesagt arschkalt draußen und auch später in der Krimi U - Haft machte uns die Kälte zu schaffen. Da über Weihnachten und Neujahr kein Transport in den Vollzug ging, war die Krimi U - Haft übervoll mit Strafgefangenen. Ob Krimineller oder Politischer war egal, es wurde nicht mehr getrennt.

Wir wurden aufgeteilt.
Es kamen mit mir noch 4 Mann aus der Stasi U - Haft und ein Krimi in eine gemeinsame 6 Mann- Zelle. Die anderen wurden auf andere Zellen verteilt.
Nun konnte man sich endlich austauschen und besprechen. Man hat einiges Neues in Erfahrung bringen können. Von Bekannten gehört, die mit „Dem“ oder „Jenem“ in einer Zelle waren.
Die Verhaftungs- und Familiengeschichten der Einzelnen und vieles andere mehr. Man hat sich gegenseitig aufgebaut und Mut zugesprochen.

Die Aufteilung der Zelle war wie bei der Stasi, nur mit dem Unterschied, dass drei Zweistockbetten darin waren. Diese bestanden aus Metallfeldbetten der NVA, bei denen ein Stück aus der Breite heraus gesägt war.
Sie hatten dann nur die Breite von ca. 60 cm und das ließ nicht viel Schlafbewegung zu.
Man lag sonst, wie manch einer zu spüren bekam, auf dem Boden.

Die Zelle war dreckig. Vom Klo ganz zu schweigen. Kakerlaken hatte es auch genügend.
Wo sind wir hier bloß gelandet? Da war es bei der Stasi doch super sauber - wenn man das so sagen darf.
Ich nahm mir das obere hintere Bett direkt unter dem Fenster, was sich in der ersten Nacht sofort als Fehler herausstellen sollte.
Das Brett zum Verriegeln des Fensters war nur eine dünne und verbogene Sperrholzplatte. Frische Luft o.k., aber erfrieren - nein Danke!
Es kam noch besser!

Das Essen war kein Essen, es war ein Fraß!
Dieser Fraß wurde vom „Küchenbulle“, das war ein Krimi, der zum Küchendienst verdonnert war, aus einem großen Kübel auf Rädern mit einem Schöpflöffel in Plastikschüsseln geknallt. Friss oder stirb!

Na gut, dachten wir, kaufen wir uns mal was anderes von unserem Rücklagengeld dazu, so wie in der Stasi U - Haft - aber Pustekuchen!
Wir kamen nicht mehr an dieses Geld heran. Alle persön-

lichen Sachen, hieß es, waren für den späteren Transport in die jeweiligen Vollzugsanstalten, in welche dann jeder Einzelne von uns abtransportiert wurde, unter Verschluss gebracht. So, und jetzt?

Der eine Krimi unter uns, er saß nicht zum ersten Mal, kannte sich aus und wusste, was zu tun ist. Er und zwei weitere Zelleninsassen waren zudem Raucher und brauchten somit auch das Geld für Tabak und Hülsen.
Also, wie bekommt man als abgeurteilter Strafgefangener Geld?
Richtig, man muss dafür arbeiten!
Tja, und was? Ganz einfach, Federballschläger bespannen!

Nach dem „tollen" Essen, das man vom bewachten „Küchenbulle" in einer Plastikschüssel „gereicht" bekommen hatte, die dieser nach einer Weile wieder einsammeln musste, hatte man die Möglichkeit, einem der Schließer kund zu tun, dass man sich Geld verdienen wolle.

O.k., es wurden die Arbeitsmaterialien gebracht und so konnte es losgehen.
Es gab dazu eine Plastikflasche mit einem übelriechenden Öl und einen Lappen, Plastiksehnen, die als Bespannung für die Schläger dienten und mit dem Öl eingeschmiert werden mussten sowie die leeren Federballschläger.
Konnte es jetzt wirklich losgehen?
Ja, aber so einfach war das gar nicht.
Man musste eine bestimmte Technik anwenden, um eine hohe Spannung der Sehne zu erreichen. Der Krimi zeigte uns, wie es geht. Er hatte es schon mal gemacht.

Na, nun gut. Aber bereits nach dem zweiten Schläger war durch das starke Ziehen an der Sehne die Haut am kleinen Finger ab - aua!

Es gab für einen ordnungsgemäß bespannten Schläger, dies wurde bei der Abgabe kontrolliert, sagenhafte 2,5 Pfennige! Für die schlechten Schläger gab es natürlich nichts und sie mussten noch mal neu bespannt werden.
Wir Nichtraucher legten den „saumäßig hohen" Verdienst zusammen und es reichte dann gerade mal für einen Becher Senf und eine Tüte Bonbons.

Die Raucher mussten ihren Nikotinpegel erstmal mit einem simplen Mittel hochhalten - Zahnpasta! Ja, somit gab es bis zum „Zahltag" Zahnpasta zu rauchen.
Die wurde ganz dünn auf ein Frühstücksbrett gestrichen und auf die Heizung zum Trocknen gelegt. Dann wurde aus einem Stück Rand der Tageszeitung „Freie Presse" - ja, es gab für 15 Minuten eine sogenannte „Tageszeitung" in der Krimi U - Haftanstalt - eine Tüte gedreht.
Trockene Zahnpaste reinkratzen - fertig!
Es sah aus wie ein riesiger Joint und roch nach „Pfeffi"!
Die andere Möglichkeit bestand noch darin, die Grasfüllung der Matratze zu rauchen.
Was sicher beides nicht gesund war.
Bei Abgabe der Zeitung durfte aber nicht auffallen, dass ein Stück fehlte.
Es gab sonst einen Mordsärger und Schläge, die der Krimi am 3. Tag auch einstecken musste.

Kurz nach der Zeitungsabgabe flog die Tür auf. Drei Schließer standen davor. Wir sprangen wie versteinert auf und nahmen Haltung an.
Ein Schließer brüllte in die Runde. „Wer hat die Zeitung missbraucht! Wer war das? Raus mit der Sprache! Wenn sich keiner meldet, wird die ganze Zelle mit Einzelhaft bestraft“!
Au Backe, dachten wir.

Der Krimi meldete sich kleinlaut. Zack! So schnell konnten wir gar nicht schauen, wurde er am Kragen gepackt, aus der Zelle auf den Gang geschmissen und mit dem Knüppel bekam er vier, fünf Hiebe.
Er hielt sich die Hände schützend über den Kopf.

Dann wurde er, so schnell wie er rausgeflogen war, wieder in die Zelle geworfen. Mit den drohenden Worten: “Falls das noch mal passiert, wird es schlimmer!“ Das ging alles so ratz fatz, dass uns die Spucke weg blieb.
Außer ein paar blauen Flecken hatte er zum Glück nichts weiter abbekommen.
Tja, was man nicht alles für das Laster Rauchen in Kauf nimmt.

Jeden Tag, am späten Nachmittag, wurden alle Federballschläger, ob fertig oder nicht, das Öl und die übrigen Sehnen wieder eingesammelt. Die Schließer meinten, das wäre wegen der eventuellen Suizidgefahr. Was soll`s, Licht aus war sowieso ab 21.00 Uhr.
Aber aus der leeren Zahnpasta - Metalltube und etwas abgezweigtem Öl sowie einem Stück Schnürsenkel wurde eine Kerze gebaut. So hatten wir nach „Licht aus“ noch etwas „Candle light“ für die nächtliche Sitzung auf dem Zellenklo.

Inzwischen hatten wir über eine Woche nicht mehr geduscht und wegen der Kälte in der Zelle in unseren Klamotten geschlafen. Wir haben gestunken wie die Böcke.
Auch bei der anstehenden Transportuntersuchung wurde von der untersuchenden Ärztin einmal Duschen empfohlen.
Gerne, das stand aber leider nicht in unserer Macht. Auch die Nachfrage beim Schließer brachte nichts, es hieß nur lapidar: „Vielleicht seid ihr morgen dran, wenn ihr Glück habt."

Hatten wir leider nicht. An dem Tag, als wir endlich zum Duschen eingeteilt waren, wurden wir wieder in eine andere größere Zelle verlegt. Nun waren wir zu zwölft und mit 1000 Kakerlaken in einer Zelle.
Nach einer massiven Reklamation bei den Schließern und dem Abbrennen aller Streichholzvorräte, die brennend in die Bettgestellrohre geworfen wurden, um die darin befindlichen Kakerlaken auszuräuchern, kam endlich der „Küchenbulle" mit einer Dose Insektengift und „puderte" die ganze Zelle samt uns ein.
Egal, meinte er. War ja nur Gift pur - hust, hust!

Wir haben dann immer für die Nacht eine Scheibe Brot unter den Heizkörper gelegt, damit wir beim Gang zum Klo nicht laufend auf Kakerlaken getreten sind.
Ach, die Kloschüssel war auch bei dieser 12 Mann - Zelle mit im gleichen Raum.
Tolle Luft!
Ungeduscht, halb vergiftet! Da kommt es aufs „Erstinken" auch nicht mehr an.
Durch das Zusammenlegen mit anderen Häftlingen in diese

größere Zelle brodelte die Gerüchteküche. Die Transportuntersuchungen wären abgeschlossen.
In den nächsten Tagen sollten nun die Transporte in den Vollzug losgehen. Warum gab es eigentlich diese Untersuchungen, wegen Läusen und Sackratten? Sicher auch.
Da gab es aber noch „Much“!
Was das ist, sollten einige und ich selbst noch erfahren.

Mir wurde später klar, dass bereits im Vorfeld jeder Einzelne von uns nach seiner Berufsrichtung in die dafür bestimmten Gefängnisse aufgeteilt wurde, um die dort geforderten Arbeiten ausführen zu können.
Die Metallbranche war für mich gedacht.

Der Transport

Den Tag darauf wurden wir sehr früh am Morgen, so gegen 5.00 Uhr, durch das Aufreißen der Tür unsanft geweckt.
„Los, fertig machen! Einzeln herausgetreten, flott und Ruhe!“ wurde reingeschnauzt.
Es ging auf Transport - übrigens immer noch ungeduscht.
Jeder bekam ein Päckchen mit Wurstbroten und musste seinen Namen beim Verlassen der Zelle angeben, dieser wurde akribisch auf einer Liste eingetragen. Dann bekamen wir alle Handschellen angelegt.
Wurstbrote und Handschellen - toll.

Mit Maschinenpistolen bewaffnete Einsatzpolizisten führten uns gruppenweise zu den im Hof parkenden W50 Koffer - LKWs. Darin waren drei festgeschraubte Holzpritschen zum Sitzen. Links, rechts sowie eine in der Mitte, und der Kofferaufbau war natürlich ohne Fenster.
Solche habe ich schon öfter fahren sehen, erinnerte ich mich.
Dass diese als „grüne Minna“ benutzt werden, hätte ich nicht gedacht.
Tja, und nun sitze ich selbst in einem drin.
Wo geht die Fahrt hin? In welches Gefängnis geht es?

Aber diese Fahrt dauerte nicht lange und ging erst einmal nur bis zum Hauptbahnhof der Stadt.
Dort wurden wir durch einen Seiteneingang in unterirdische Gänge gebracht, die zu einem Bahngleis führten, an dem ein Personenzug mit einem zum Schluss angehängten vergitterten Gefängniswagen stand. Der Bahnsteig wurde weiträumig von den Wachpolizisten mit Kalaschnikows abgeriegelt.

Ich wusste nicht, dass der Hauptbahnhof solche Katakomben hat.

Auf dem Bahnsteig, hinter der Absperrung, standen normale Reisende, die auf ihren Zug warteten. Sie schauten uns missmutig und entgeistert an, als wir mit unseren Handschellen unter Bewachung in den Waggon einsteigen mussten.
Dabei haben sie sicher gedacht: „Das geschieht euch Recht. Warum habt ihr geraubt und gemordet!"
Da es ja offiziell keine politischen Gefangenen im Arbeiter- und Bauernstaat gab, wussten sie es ja nicht besser.

Zu unserer Überraschung wurden auch Frauen zum Gefängniswagen gebracht. Streng getrennt und wehe es wurde ein Wort gesprochen.
Im Zug mussten wir in kleinen, abgeteilten, verschlossenen Zellen zu viert sitzen. Frauen und Männer getrennt - war doch klar.
Nun stellte sich erneut die Frage, wo ging nun der Transport hin?

Die vorangegangen Tage wurden mit den Zellengenossen und Häftlingen genutzt, um untereinander Neuigkeiten auszutauschen. So habe ich auch erfahren, dass ich aus meinem Ort nicht der Einzige war, der verhaftet wurde.
Ob auch Spitzel in unsere Zellen eingeschleust waren, wussten wir Politischen natürlich nicht.
Später kam heraus, dass auch manche Krimis, wenn sie dem Staat zu leid waren, mit als politische Gefangene ausgegeben worden sind und mit als „faules Ei" in den Westen abgeschoben wurden. Solche Typen verursachten dann wieder im We-

sten in der Presse negative Schlagzeilen. Dann nämlich, wenn sie wieder einen Bruch begingen oder einer Oma die Handtasche geraubt hatten. Sie konnten es eben nicht lassen.

Das war psychologische „Kriegsführung“ der Stasi. Damit es in solchen Fällen im Westen wieder hieß: „Alle, die aus dem Osten kommen, taugen nichts“.

In den aufregenden Tagen vor dem Transport habe ich weniger an Simone und die Familie gedacht. Nun im Zug sitzend, kamen die Gedanken wieder, auch mit der neuen Zuversicht, doch noch im Vollzug endlich ein Besuchsrecht für Simone zu bekommen.

Später habe ich erfahren, dass meine Eltern und Simone gar nicht gewusst haben, wo ich nach meiner Verhandlung und dem Ablauf der Berufungsfrist abgeblieben bin.
Es war nämlich in der Zwischenzeit noch ein Besuchstag ausgemacht gewesen. Meinem Vater und Simone, die immer mit ihm mitgefahren war, aber nicht mit ins Gebäude durfte, wurde erst am Tor mitgeteilt, dass ich nicht mehr bei der Stasi inhaftiert sei.
Mein Vater musste wieder gehen und ihm wurde dann später mitgeteilt, wohin man mich gebracht hatte.
Man kann sich nun vorstellen, dass sich alle große Sorgen gemacht haben. Es half nichts, sie mussten in Ungewissheit auf die erste Post aus dem Vollzug warten.

Der Zug fuhr die Gefängnisse, die im südlichen Gebiet der „DDR“ waren, ab. Leipzig - Meusdorf, Waldheim, Hoheneck, um dann endlich gegen ca. 22.30 Uhr in Naumburg an der

Saale zu halten. Wir sollten aber erst etwas später erfahren, wo wir uns nun genau befanden.
Endlich raus aus dem Zug! Steif vom Sitzen stiegen wir, immer noch in Handschellen, aus dem Zug.
Wir wurden mit einem W50 Koffer- LKW - den hatten wir heute schon mal - zur StVE Naumburg gebracht.

Wären „Die" gleich von Anfang an mit dem LKW gefahren, wären wir schneller an Ort und Ziel gewesen.
Es waren mit mir acht Häftlinge. Wir sollten uns im beleuchteten Hof in Reihe aufstellen, wurden mit Namen aufgerufen und mussten einen Schritt vortreten. Danach unterrichtete man uns, dass wir hier in der Strafvollzugseinrichtung Naumburg sind und dass wir nun zuerst in den „Eingang" kommen werden, um dort die Eingangspapiere und die Eingangsuntersuchungen zu erledigen.
Es war kalt, wir haben gefroren und wir waren müde...

Im Vollzug

Der „Eingang“ in diesem Gefängnis war dazu da, einen guten Eindruck bei den neuen Gefangenen zu machen. Mal sozusagen der saubere „Vorhof zur Hölle“

Es gab Gefängnisbekleidung bestehend aus ausrangierten Beständen der Nationalen Volksarmee. Unsere „duftenden“ Privatklamotten kamen in die Wäscherei und dann in die Effekten unter Verschluss.
Wir konnten - ja, endlich duschen!
Zum Essen gab es einen großen Schlag Nudeln mit Jagdwurst und dünner Tomatensoße. Viel, viel besser als in der Krimi U - Haft.
Wenn das ganze Gefängnis so ist, dachten wir uns, ist es den Umständen entsprechend „gar nicht so schlecht“.
Es sollte aber schlimmer kommen als gedacht!

Die Feldbetten waren mit blau karierten Stoffbezügen überzogen. Die erste Nacht in einem einigermaßen sauberen Bett und Zelle.
Aber auch nur für eine kurze Nacht.

Früh um 6.00 Uhr hieß es: „ Achtung! Raus getreten! Vor der Zelle in Reihe aufstellen.“ Ein Wachoffizier und ein Schließer gaben uns bekannt, dass wir, nachdem nun unsere Eingangspapiere fertig waren, nur noch den Eingangscheck beim Arzt machen müssten und danach in den Vollzug verlegt werden. Um elf Uhr geht es dann los.
Ach, die „Jungs“ heißen jetzt ja nicht mehr Schließer, sondern

Wachtmeister und Oberwachtmeister je nach Dienstgrad und sie hatten dunkelblaue Uniformen an.

Beim Arzt angekommen, hieß es, macht euch mal nackig. Keine Läuse, keine Sackratten o.k. – aber dann kam sie, die erschreckende Diagnose vom Arzt.
Zwei meiner Mitgefangenen und ich hatten „Much“!
Oh, was ist denn das?
Der „Much“ - das war eine ansteckende „Pilzerkrankung“. Er war dadurch entstanden, dass wir längere Zeit ohne Dusche waren, und zum anderen kam er von den versifften Schlafdecken in der Krimi U - Haft. So hatten wir uns im Genitalbereich diesen tollen Pilz eingefangen und „gezüchtet“.

Wir hatten es gar nicht so mitbekommen. Es hat ab und zu schon mal gejuckt. Aber so genau hatten wir tagsüber in den Zellen nicht nachschauen können und nachts auf dem Klo war es dann ja wieder dunkel.
Wir drei bekamen jeder eine Dose, in der eine graue, stinkende Salbe war.

Dann standen wir zu dritt nebeneinander auf der Toilette und schmierten uns die Eier ein. Wer den Schaden hat, braucht für den Spott nicht zu sorgen - das war eben „Much“.
Es hat eine ganze Weile und einige Einschmierungen gedauert, bis der braune Pilz tot war. Nicht gerade angenehm.

Es war elf Uhr und der Wachtmeister kam, um uns zu holen.
Das Bettzeug, ein Plastikbecher, Besteck und eventuell noch vorhandene eigene Kosmetikartikel aus den Effekten der

Name: Ohly
Vorname: Mario
geb. am: 07.02.61

Naumburg, den 24.01.85

Wie stehen Sie heute zu Ihrer Straftat- welche Schlußfolgerungen haben Sie gezogen ?

Da ich meine Straftat spontan begangen habe und diese sich nicht mehr rückgängig machen läßt, werde ich die Strafe entsprechend der Vollzugsbestimmungen der Vollzugsanstalt absolvieren.

Mario Ohly
Unterschrift des Strafgef.

Sind Sie bereit sich zu bewähren und Wiedergutmachung zu leisten und wie wollen Sie dieses in der Praxis unter Beweis stellen ?

Ich werde die in der Vollzugsanstalt an mich gestellten Aufgaben und Forderungen erfüllen. Auf eine Wiedereingliederung in der DDR, nach meiner Haftzeit lege ich keinen Wert und möchte nach wie vor in die BRD übersiedeln.

Stellungnahme im Vollzug 24.01.1985

Stasi U - Haft, die wir nun wieder erhalten hatten, waren unser ganzer „Hausrat“.

Und los ging es, in eine total überfüllte Strafanstalt. Die große Verhaftungswelle machte sich bemerkbar. Es war ein Gewusel.

Auf den Weg zu den einzelnen Zellen kamen uns Strafgefangene entgegen, die Bettgestelle und Matratzen schleppten, um die schon gut gefüllten Zellen mit zusätzlichen Betten aufzustocken.
Wir wurden beglotzt und von oben bis unten gemustert. Die meisten von ihnen waren Krimis.
Vom Handtaschenräuber bis zum Schwerverbrecher war alles vertreten. Meistens mit großen Zahnlücken und vom Zeh bis zur Wimper tätowiert.

Ich kam in eine große Zelle. Es war eher ein Schlafsaal mit 10 Stockbetten.
Auf der rechten Seite neben der Tür waren die Spinde für die persönlichen Sachen. Im Anschluss daran die Nasszelle - also mehrere Waschbecken und Toiletten. Diese waren, anders als in der U - Haft, mit einer räumlichen Abtrennung versehen. Als Tür gab es einen Vorhang.
Tja, besser als nichts.

Nachdem ich vom „Bridger“, dem Brigadier, also Dienstältesten nach abgesessenen Jahren, oder auch Boss genannt, ein Bett zugeteilt bekommen hatte, kamen auch schon die ersten „Jungs“ zum Fragen.

Woher, warum, weswegen und wie viele Jahre man denn „abgefasst“ hat.
Man wurde als „Zugangs - Ei“ bezeichnet - da man ja ihrer Meinung nach noch nach Frau „riechen“ würde und die eineinhalb Jahre auf einer Arschbacke absitzen könne.

Nachdem bekannt war, dass man politisch inhaftiert ist, wurde auch gleich nach Westsachen gefragt und ob man denn diese nicht zu verkaufen hätte. Wie zum Beispiel Fa - Seife. Die war ein Renner. Für 20,00 bis 25,00 Knastmark ging sie weg. Sie musste aber original verpackt sein, Krimis lieben bunte Bilder. Eine Milka - Schokolade nur in Silberfolie war nichts mehr wert!
Der „Bridger“ kaufte eine Seife für seine Tunte. War schon lustig...

Er war der Chef der Zelle und musste auf die Pünktlichkeit aller Zelleninsassen achten, auch wenn es auf Arbeit oder zum Essen ging. Für die Meldung beim Einschluss und Aufschluss der Zelle war er verantwortlich, und am Putztag kontrollierte er die Arbeiten.

Das Geld im Gefängnis war kein „richtiges“ Geld. Es war Knastgeld, so wie Monopoly - Spielgeld, mit dem Stempel der jeweiligen StVE drauf, offiziell als Wertgutschein betitelt.
Eine eigene Währung in einer eigenen Welt.

Nun mussten normalerweise alle Neuen oder wie gesagt „Zugangs - Eier“ zum Eingewöhnen die Klos in der Zelle putzen, den Boden wischen und Botengänge erledigen. Bei zwanzig „Scheißern“ kein Vergnügen.

Zum Essen ging es in den Speisesaal. Jeder hatte seinen festen Platz. Den Becher für den potenzhemmenden Muckefuck oder für den „Bahndamm - Tee“ sowie das Besteck durfte man nicht vergessen.
Nach dem Anstehen klatschte der „Küchenbulle“ einem das „Essen“ auf den Plastikteller.
Wenigstens gab es keine Hundefressnäpfe mehr.
Es gab Hacksteak oder besser falschen Hasen, dabei hat aber leider der Bäcker gewonnen. Es war also mehr Brot als Hackfleisch im Teig.
Im Rotkraut war so viel Sago, dass es schon Fäden gezogen hat. Von der Kakerlake darin ganz zu schweigen.
Meine drei Tischnachbarn haben daraufhin das Essen abgebrochen und einer hat- „erbrochen“.
Kann ja mal passieren.

Aber wie war es da nochmal im „Eingang“? Alles prima - wo ist das gute Essen und die Sauberkeit geblieben?
Nichts mehr von dem, nur die „schönen“ Parolen an den Wänden, die überall aufgehängt waren, sind gleich geblieben.
Wie zum Beispiel: Der Sozialismus hilft mir wieder auf den richtigen Weg!
Na, dann mal viel Spaß dabei.

Ich war jetzt einen Tag in dieser Zelle und wäre morgen dran mit der „tollen Putzerei“. Ich hate keinen Bock!

Wer sich weigerte, mit dem wurde auch mal „Musikbox“ gespielt. Man sperrte ihn in einen Kleiderspind, durch die Schlitze wurde „Geld“ gesteckt und er musste Lieder singen.

Wenn nicht, ist der Spind umgefallen und es wurde darauf rum gehämmert, und wenn man Glück hatte wurde nur Wasser rein geschüttet. Kein Vergnügen für den, der im Spind war.

Es sollte für mich aber anders kommen.

Am Nachmittag kam überraschend der Bridger zu mir. Ich soll meine Sachen packen. Ich werde in eine andere Zelle verlegt.

Gut so, dachte ich und kam somit um die Putzerei herum.

Ich wurde in eine zwölf Mann Zelle eine Etage höher im Gebäude verlegt.

Es war dort ein Bett frei geworden, da es eine Entlassung gegeben hatte.

Die Zelle war ziemlich eng. Die Betten waren aus Platzgründen drei Stock hoch, und die Breite der Betten war wie in der Krimi U - Haft durch herausgesägte Stücke auf 60 cm beschränkt.

Wer unruhig geschlafen hat, was unter den Umständen schon mal öfters vorkam, und dabei aus dem Bett im dritten Stock gefallen ist, für den war es nicht sehr angenehm; es hat auch schon im schlimmsten Fall einen Armbruch gegeben.

Also still halten beim Schlafen, und wenn einer schnarchte, kam schon mal ein Schuh geflogen.

Das Gute an dieser Zelle war aber, dass die „Nasszelle“ in einem Nebenraum und durch eine Tür getrennt war - purer Luxus.

Wenn man mit einem Mitgefangenen Zoff hatte, gab es dort

das berüchtigte „Nasszellengespräch“. Das jeweilige Problem wurde dann mit den Fäusten oder nur mit einem klärenden Gespräch aus der Welt geschafft.

In dieser „Nasszelle“ waren drei Waschbecken und drei Toilettenbecken. Man konnte also auch mal im Duett, maximal im Trio, kacken und sich Geschichten dabei erzählen.
Zum Glück kam das nicht so häufig vor...

Außer es gab „Die Suppe“ am Abend, auch „explodierte Sau“ genannt und sie hat wieder mal bei allen „durchgeschlagen“. Es war eine Art Kartoffelsuppe mit aufgelöstem Presskopf. Diese machte besonders voll und man hat gut zugenommen.

Diese Suppe war besonders gut geeignet, um die davon gut genährten „Vorzeigegefangenen“, wenn wieder eine Abordnung von Amnesty International zur Inspektion kam, zu präsentieren. Dafür wurde dann sogar ein ganzer Trakt gesperrt und extra neu gestrichen.

Die „Vorzeigekrimis“ erledigten diesen Job und machten gute Mine zum bösen Spiel.
Ja, so hat man sie geblendet.
Die Krimis bekamen dann dafür von den Wachtmeistern eine Kanne Bohnenkaffee. Der war, wie auch schwarzer Tee, offiziell verboten.
Schwarzer Tee, gut ausgekocht, war ein Rauschmittel. Verboten - aber dadurch ein sehr gutes Zahlungs- und Bestechungsmittel im Knast.

WERTGUTSCHEIN
1
PFENNIG
WERTGUTSCHEIN
A 0788889

WERTGUTSCHEIN
50
PFENNIG
WERTGUTSCHEIN
A 0327850

Knastgeld

Geschmuggelter und aufgekochter Schwarztee wurde auch „Impe“ genannt. Iiiih... wenn du ihn das erste mal probierst. Nach einer Weile im Knast - Mmmh... und wenn du wieder raus bist, päh... - geh mir weg mit dem Zeug.
Die Wirkung: Bereits nach zwei Tassen bekommt man einen „Flattermann“ vom Teein und hat einen Rausch.

Aufgekocht wurde der Tee mit einem „U - Boot“, einem selbst gebastelten Tauchsieder, der aus geschmuggeltem Material der MEWA hergestellt war. Er bestand aus zwei kleinen Metallplatten, zwischen denen Streichhölzer als Abstandshalter mit einer Schnur umwickelt waren. Zwei längere Drähte wurden an den beiden Metallblättchen je einzeln befestigt. Diese wurden an der Glühlampenfassung für das Nachtkontrolllicht der Zelle an Plus und Minus gehalten.

So konnte in einer Teekanne „Impe“ hergestellt werden. Einer stand Schmiere und betätigte gleichzeitig den Knopf der Kontrolllampe außerhalb der Zelle, und der andere hielt die Kanne unter die Lampenfassung. Kein einfaches Unterfangen, es gab Stromschläge oder schlimmer einen Stromausfall. Dafür gab es dann Einschluss für alle – also, der ganze Block. Ein funktionstüchtiges „U - Boot“ war bis zu 50,00 Knastmark wert.

Ein Päckchen Schwarztee, welches „draußen“ 2,50 Mark der „DDR“ kostete, wurde im Knast zwischen 15,00 und 25,00 Knastmark, je nach Beschaffungsaufwand und Verfügbarkeit, gehandelt.

Ich wurde am nächsten Tag zu „meinem Erziehungsoffizier“ gebracht. Dort wurde ich von ihm über die Sitten und Gebräuche in der Naumburger StVE aufgeklärt.
Kurz gesagt, ich bin ein Staatsfeind, aber wenn ich arbeite und mich an die Regeln halte, gibt es für mich Vergünstigungen in Form von Sprecherbesuch einmal im Monat.
Ein Päckchen, auch einmal im Monat, mit maximalem Gewicht von 2 kg. Aber alles nur bei 100% Arbeitserfüllung! Eine Schreiberlaubnis für Briefe nach Hause gibt es ebenfalls.
Wenn ich mich weigere, dann - „Mumpe“.
Sie wollten es schriftlich haben - von mir aus.

„Mumpe“, das waren 18 Tage Einzelhaft im Keller, in dem tagsüber der Tisch und der Stuhl hochgeklappt wurde - Betonboden.
Das Klo, ein Loch im Boden, welches mit einem Brett verschlossen wurde, damit die Ratten nicht hochkamen.
Das Mittelalter lässt grüßen!

Die 18 Tage am Stück aber auch nur, weil es laut internationalem Gefangenenrecht, durch Amnesty International, zu dessen Einhaltung angeprangert wurde.
Hat aber nicht viel gebracht, man hat den Deliquent einen Tag raus geholt und den nächsten Tag wieder für 18 Tage weggeschlossen.

Ich entschloss mich fürs Arbeiten, um somit auch endlich ein Besuchsrecht für Simone zu bekommen.
Meine erste Anfrage für dieses Besuchsrecht oder Sprecherbesuch für Simone auch unter der Bekräftigung, dass ich die Regeln einhalten und arbeiten werde, wurde mit den Worten

abgetan: „Ohly, jetzt arbeitest Du erst einmal und dann sehen wir weiter."

He, hatte der mit mir schon Schweine gehütet, dass der mich einfach duzt?
Für mich als Beteiligten nicht zufriedenstellend und dann noch von oben herab!
O.k. - der Arsch saß am längeren Hebel.

Ich durfte den ersten Brief aus Naumburg nach Hause schreiben. Nur wo ich bin, dass es mir gut geht und dass meine Eltern über eine spätere Besuchsregelung Bescheid bekommen. Dabei ein paar Zeilen an Simone, sie soll sich keine Sorgen machen und es würde gar nicht schlecht aussehen mit einem Besuchsrecht.
Dachte ich...

Keinen Kommentar über die Zustände und das Essen hier und, und, und ... das Übliche eben.
Alle Briefe wurden, bevor sie verschickt worden sind, noch einmal gelesen. Stand etwas darin, was „den Herren" nicht passte, verschwand die Post einfach in den Akten. Man konnte es ja eventuell noch mal gegen einen verwenden.

Alle Klarheiten waren beseitigt und nun ging es los!
Das Arbeiten in der MEWA Naumburg. Die Metallwarenfabrik stellte unter anderem her: Fünfstern - Chromgestelle für Drehsessel, Teleskopschienen für Büroschreibtische, Hängetürschienen für Schlafzimmerschränke, Chrom - Handtuchhalter, Türscharniere für Schrankwände und Gestelle für Bistro - Stühle.

Über die Hälfte dieser Waren wurden für den Export in den Westen hergestellt. Eloxierte Teleskopschienen waren für den Osten, lackierte für den Westen.
Einige von diesen Dingen sind mir später wieder begegnet.

Wir wurden früh um 5.00 Uhr geweckt. Es ging zum Frühstück. Da gab es Brot, Margarine und dazu aus Eimern, so viel man wollte, Tangermünder Marmelade.
Dann ging es aus dem Gebäude durch eine Schleuse zum Stellplatz auf den Hof. Dort stellte man sich im Block auf.
Ein Wachmeister rief von den sogenannten Fluchtkarten, Karten, auf denen alle Identitätsmerkmale sowie Fotos von einem waren, den Familiennamen auf.
Mit dem Vornamen musste man antworten, vortreten und sich wieder auf der anderen Seite aufstellen. War diese Prozedur, egal bei welchem Wetter abgeschlossen, kam durch ein weiteres Sicherheitstor der vergitterte Bus, ein Ikarus 55.

Im Winter boten wir ein Bild wie für einen Kriegsfilm. Wir sahen aus, als wären wir Kriegsgefangene im kalten Sibirien. Mit sogenannten „Bärenfotzen“ auf dem Kopf, das sind Fellmützen mit Ohrenklappen, sowie mit langen filzernen Soldatenmänteln, an denen die Schulterstücke abgerissen waren.

Auf unsere Frage, warum eigentlich der Bus vergittert ist, hieß es: „Na, falls die empörte Bevölkerung mit Steinen auf euch wirft, werdet ihr nicht verletzt.“
Aha, gut zu wissen, aber weshalb waren dann an der Türinnenseite im Bus keine Türgriffe?
Im Bus waren vier Holzbänke der Länge nach eingebaut.

Bezirksverwaltung für
Staatssicherheit Karl-Marx-Stadt
Kreisdienststelle Annaberg

Annaberg, 29. 01. 1985
546/85

bestätigt
Leiter der Bezirksverwaltung

Generalmajor

Ministerium für Staatssicherheit
Hauptabteilung IX
Genossen Oberst

B e r l i n

Ich bitte Sie aus politisch-operativen Gründen die Übersiedlung des nachfolgend aufgeführten Strafgefangenen aus der Haft in die BRD (bzw. Berlin-West) einzuleiten.

Name, Vorname:	Ohly, Mario
geb. am/in:	/Tangermünde
wohnhaft:	9303 Bärenstein, Oberwiesenthaler Str.
zur Zeit:	Haft vom 09.10.1984 - 09.04.1986 StVE Naumburg/Saale
Beruf:	Schmied
Tätigkeit:	Schmied
Arbeitsstelle:	Schmiede Ohly, Waldemar 9303 Bärenstein, Stahlberger Weg
Familienstand:	ledig - keine Kinder
Staatsangehörigkeit:	DDR
Vermögen:	Ersparnisse 3.500.00 Mark
relevante Tätowierungen:	keine
Zahlungsverpflichtungen:	keine
Versagungsgründe:	keine

Ausreiseeinleitung 29.01.1985

2

Vorstrafen: zur Zeit Haft vom 8.10.84 -9.4.86
StVE: Naumburg/Saale

Erfassung: BV KMSt., KD Annaberg
OV "Amboß", Reg.-Nr. XIV 2960/84

Zielperson:

Es handelt sich hierbei um die Tante des Ohly.

Der Ohly stellte am 16. 01. 1984 beim Rat des Kreises Annaberg, Abteilung Innere Angelegenheiten, einen Antrag auf Übersiedlung nach der BRD, der von diesem staatlichen Organ zurückgewiesen wurde.
Da der O. diese staatliche Entscheidung nicht akzeptierte und unter allen Umständen seine Übersiedlung nach der BRD durchsetzen wollte, sandte er bis Juli 1984 demonstrativ weitere Schreiben an den Rat des Kreises Annaberg sowie an den Rat des Bezirkes Karl-Marx-Stadt, Abt. Innere Angelegenheiten. Darin hetzte er gegen die Staatsorgane und diskriminierte gröblichst die Staats- und Gesellschaftsordnung in der DDR. Mit dem Ziel, seine Übersiedlung nach der BRD zu erzwingen, nahm der Beschuldigte weiterhin im August 1984 Verbindung zur Ständigen Vertretung der BRD in der DDR auf und übermittelte dieser Einrichtung Informationen im Zusammenhang mit seinem Antrag auf Übersiedlung nach der BRD. Der O. kalkulierte dabei ein, daß diese Informationen zum Nachteil der Interessen der DDR im kapitalistischen Ausland veröffentlicht werden.

Am 3. 12. 1984 wurde der O. vom Kreisgericht Karl-Marx-Stadt/Mitte-Nord nach §§ 220 (1) (2), 219 (2) 1 StGB zu 1 Jahr, 6 Monate Freiheitsstrafe verurteilt.

Die stark ausgeprägte negativ-feindliche Haltung des O. läßt auch nach der Haftentlassung keine Abstandnahme von der Übersiedlung erwarten. Vielmehr ist mit neuen Aktivitäten, wobei öffentlichkeitswirksame Demonstrativhandlungen nicht auszuschließen sind, zur Durchsetzung der ÜS zu rechnen.

Zur Gewährleistung der staatlichen Ordnung und Sicherheit und der vorbeugenden Verhinderung weiterer feindlicher Aktivitäten und Provokationen wird deshalb die Genehmigung der Übersiedlung aus der Haft in die BRD vorgeschlagen sowie bei Genehmigung die Entlassung aus der Staatsbürgerschaft der DDR zu erwirken und Fahndungsmaßnahmen gemäß DA 2/82 des Gen. Minister einzuleiten.

Leiter der Kreisdienststelle

Oberstleutnant

Ausreiseeinleitung 29.01.1985

Zwischen dem Fahrer und uns war ein Trenngitter, wie man es auch aus amerikanischen Gefängnisfilmen kennt.
Als „Zugang - Ei“ hatte man keinen Sitzplatz und musste stehen. Wehe man setzte sich unwissentlich auf einen freien Platz. Da wurde man aber schnell wieder von den länger „Einsitzenden“ unter Androhung von Schlägen hochgescheucht.
Je länger man aber dann „dabei“ war, erbte man von einem entlassenen Häftling oder Spanner einen Platz. Der auch, wenn man als Letzter in den Bus stieg, für einen frei blieb.
Die ungeschriebenen Gesetze...

Der Bus fuhr dann durch die Stadt zur MEWA und in eine eigens dafür gebauten Schleuse an der Arbeitshalle. Der Durchgang von der Bustür in die Halle wurde zum erneuten Durchzählen genutzt.

Es ging zuerst in die Umkleidekammer, die neben dem Essensraum für die Pausen war. Auch waren nebenan, auf der anderen Seite, die Duschen. Es stank erbärmlich nach Schweiß und Käsesocken. Dies war ebenfalls ein guter Nährboden für „Much“ und Furunkel.
Es war ein „Bunker“ ohne Fenster, und das Ganze wurde mit einer Blechtür so lange verriegelt, bis wir für die Arbeit umgezogen waren.
Man gab uns 10 Minuten, dann ging der Schichtbetrieb los und die Tür wurde wieder geöffnet.

Durch meine Schweißerkenntnisse wurde ich zuerst bei den Drehsesselgestellen eingeteilt. Später, auch je nach Auftragslage, musste ich einen Durchlauf machen und die verschiedensten Arbeiten ausführen.

Durch leichtsinnigen Umgang mit den elektrischen und hydraulischen Maschinen gab es natürlich auch einige Arbeitsunfälle.

Ein Krimi war an einer Maschine eingeteilt, die für die Drehsesselgestelle Plastikhülsen oben und unten maschinell, hydraulisch ins Rohr einpresste. Eine solche Hülse hatte sich schräg verklemmt und der Gefangene wollte sie mit der Hand richtig hindrücken und schwuppdiwupp hatte er den Daumennagel dazwischen. Dieser wurde dann durch die Hydraulik komplett mit herausgerissen.
Aua! So ein Daumennagel ist ganz schön lang - denkt man gar nicht.
Er hatte einen Schock und wurde, Eile mit Weile, im bewachten Sondertransport in die Krankenstation der StVE gebracht.

Ein anderer vernietete an einer Maschine Schranktürscharniere hydraulisch mit einem Bolzen.
Ein Niet verklemmte sich in der Maschine und der Dussel langt doch mit dem Finger hinein, um ihn herauszupopeln.
Der Niet sprang weg und er jagte sich den Bolzen quer durch den oberen Finger samt Nagel, aber ohne Niet.

Der Finger wurde auf der Krankenstation in der StVE verbunden.
Ist nicht so schlimm, haben sie gesagt. Doch nach einigen Tagen klagte er über große Schmerzen im Finger.
Wir sagten, er soll den Verband vom Finger entfernen, um Luft ranzulassen.

Oh, das Resultat sah gar nicht gut aus. Der obere Teil des Fingers war schwarz wie die Nacht. Eine Blutvergiftung. Er wurde gleich auf die Krankenstation und später ins Haftkrankenhaus nach Leipzig - Meusdorf gebracht.
Eine Teilamputation des Fingers war angesagt.

Ein weiteres Problem waren Zahnschmerzen. Jeder war sehr froh, wenn er in dieser Zeit keine bekam. Ist ja heute auch noch so.
Dafür gab es nämlich das „berühmte Buch“ vor der Krankenstation. Ein Buch, in das man sich für den Zahnarzt eintragen konnte.
Dieser kam aber nur einmal in der Woche und immer nur am Donnerstag ins Gefängnis.
Totales Pech war, wenn man am Freitag Zahnschmerzen bekam!
Ja, so musste man wieder bis Donnerstag warten. Nicht schön!

Viel Ruß machte der Zahnarzt, oder besser „Pferdedoktor“, ohnehin nicht. Er zog es schnell vor, Zähne zu ziehen, als diese zu plombieren.
Krimis hatten deshalb besonders viele Zahnlücken.

Einmal ist dem „Zahndoktor“ ein Zahn, den er ziehen wollte, abgebrochen. Er musste dann den Rest von diesem Zahn herausmeißeln.
Dazu kam, dass die Narkose beim Patient nicht mehr richtig gewirkt hatte, und so hörte man das Geschrei des Gefangenen im ganzen Block.

Zu dieser Zeit warteten noch zwei weitere Gefangene vor der Krankenstation, die zum Zahnarzt mussten.
Die hatten aber plötzlich keine Zahnschmerzen mehr und haben sich vom „Acker" gemacht.
Dies war verständlich.
Wenn er einmal, gnädigerweise, bei einem der politischen Gefangenen einen Zahn plombierte, hieß es von ihm: „Das kannst du dir im Westen richtig machen lassen."
Die Zahnplombe ist dann auch meistens nach einer Woche wieder rausgefallen.

Auf Arbeit musste ich wieder Drehsesselgestelle mit CO2 - Schutzgas schweißen. Dafür hatten wir Lederschürzen und Stulpen gegen die herabfallenden, glühenden Schweißperlen und Spritzer bekommen.
Einmal sind mir aber trotzdem ein paar größere glühende Metalltropfen in meine Sicherheitsknöchelschuhe gefallen und dabei habe ich mich neben dem linken Knöchel ganz schön verbrannt. Ich führte erst mal einen „Indianertanz" auf.
Es tat gut, als der Schmerz nachgelassen hat.
Da ich einiges von der Arbeit zu Hause her gewöhnt war, ging es nach einer Weile wieder besser und ich dachte, dass es nach ein zwei Tagen wieder gut sein wird.

Leider habe ich nicht bedacht, dass das starke chemische Reinigungsmittel „TRI", das in der Wäscherei benutzt wurde, die Wunden nicht heilen ließ. Durch diese chemische Keule eiterten die Wunden und es waren schon richtige Löcher geworden. Ich zog die Notbremse und meldete mich daraufhin aus diesem Grund beim Oberwachtmeister als arbeitsunfähig.

Aha, meinte er, also Arbeitsverweigerung!

Ich versuchte es zu erklären. „Mir scheißegal weshalb!“ war seine Antwort. „Sachen packen und in 5 Minuten wieder hier sein. Das gibt einen Wegschluss“.
O.k., Wegschluss kann gut sein oder auch nicht, kommt auf die Laune vom Wachtmeister an.
Diese schien aber nicht all zu gut zu sein.
Ich hinkte los, da mittlerweile die Wunden in den Knöchelschuhen sehr weh taten. Ein anderer Wachtmeister brachte mich dann in den „Eingang“ und schloss mich in einer kleinen Vierbettzelle, in der bereits zwei „Spezis“ waren, ein.

Auf eine gewisse Weise schon mal gut, wenigstens keine „Mumpe“.
Aber leider hatte die Sache einen Haken. Einer der beiden Typen in der Zelle war psychisch total fertig. Er sprach nichts und lag die ganze Zeit mit einer Decke zugedeckt im Bett, was tagsüber eigentlich nicht erlaubt war.
Der andere Typ hörte dafür nicht auf zu labern. Er erzählte mir seine ganze Geschichte.
Dass er geschnappt wurde, weil er seine Mutter vergewaltigt hatte und sie danach auch noch umbringen wollte. Was zum Glück, für die Mutter, nicht geklappt hat, und dass es ihm aber nun leid tun würde.
O.k. - ganz ruhig bleiben, dachte ich, das geht auch vorbei.

Etwas später wurde ich auf die Krankenstation gebracht, um meine Wunden vorzuzeigen. Da hieß es natürlich gleich mal, ich hätte mir das selbst mit einer brennenden Zigarettenkippe zugefügt, um mich vor der Arbeit zu drücken.

Das hätte noch ein Nachspiel und natürlich wird auch mein „Erziehungsoffizier" darüber informiert.
Ja, super, haben die einen mitlaufen?
Ich verneinte diese Anschuldigung. Ich wollte ja einen Sprecherbesuch für Simone, da mache ich doch nicht solchen Scheiß.
Die Wunden wurden mit Salbe bestrichen und verbunden. Nach drei Tagen mit Verband und ohne Socken war es soweit abgeheilt, dass ich wieder in „meine Zelle" zurück und auf Arbeit konnte.

Es wurde ja in zwei Schichten gearbeitet, in Tagschicht und Nachtschicht. Früh ging es mit dem Wecken um 5.00 Uhr los und wir waren wieder 17.00 Uhr in der Haftanstalt. Die Gegenschicht ging um 17.00 Uhr los und man war wieder früh um 5.00 Uhr im Gefängnis.
Around the Clock also.

Das Geld, das wir dabei in der MEWA verdienten, wurde zum Großteil für Kost und Logis gleich von der StVE einbehalten. Ein kleiner Teil wurde auf ein Rücklagenkonto für einen eventuellen Neustart nach dem Vollzug für jeden einzelnen hinterlegt. Den Rest, 50,00 Knastmark, bekamen wir im Monat als Lohn zur freien Verfügung. Mit diesem Geld konnte man sich in einem kleinen Laden, der sich im Innenhof des Gefängnisses befand, in dem ein Krimi als Verkäufer fungierte, etwas Wurst, Butter, Senf, Schokolade oder Bonbons kaufen. Auch das berühmte Birkenhaarwasser gab es dort. Da dieses einen hohen Alkoholanteil hatte, wurde es auch von manchen als „Drink" benutzt. Dementsprechend war es in dem Laden auch meistens vergriffen. Abgesehen von Magenkrämpfen, die man davon bekam, schmeckte es furchtbar...

Natürlich gab es auch noch Sonderschichten am Samstag von früh 5.00 Uhr bis 14.30 Uhr. Das einzige Gute daran war, dass an den Samstagen das Essen von der MEWA und nicht aus dem Knast geliefert wurde. Dieses war um Längen besser.
Da gab es zum Frühstück gut belegte Wurstbrote und es stand immer eine volle Schüssel mit Zwiebeln an der Essensausgabe.
Sowas hilft gegen Vitamin C - Mangel, auch Skorbut genannt.
Das kannte man doch noch von den Seefahrern her.
Man musste immer schnell sein, alle wollten eine Zwiebel!
Wir haben dann ziemlich gestunken, aber das war uns egal, wir hatten ja kein Date.
Das Mittagessen war ebenfalls gut, ob Suppe oder Hackfleisch. Das Beste war aber, dass es für jeden eine kleine Flasche Vita - Cola und 5 Zigaretten gab. Da ich nicht rauchte, tauschte ich die Zigaretten gegen eine weitere Cola ein.

In der Zwischenzeit hatte man per Post meinen Eltern und somit auch Simone mitgeteilt, wo ich nun meine Haftstrafe verbüßen muss.
Da ich meine Arbeit zur Zufriedenheit erfüllte, wurde auch eine Besuchs - bzw. Sprecherlaubnis erteilt, aber nur für meine Eltern.

Ich habe mich natürlich darüber sehr gefreut, nun endlich meine beiden Eltern, besonders meine Mutter wieder zu sehen. Es war dann ziemlich hart, als ich nach mehr als vier Monaten das erste Mal meine Mutter wiedergesehen habe.

Es flossen Tränen.
Traurig war ich natürlich, dass ich Simone nicht sehen durfte.

Ein kurzer Handschlag und eine, eigentlich nicht erlaubte, flüchtige Umarmung taten gut. Wir wurden von den Wachtmeistern, die sich mit im Raum befanden, beobachtet.
Wir mussten uns an einen langen breiten Tisch mit einem Brett in der Mitte gegenüber hinsetzen.
In diesem Besuchsraum waren noch mehrere Gefangene und deren Angehörige dabei. An den Tischenden standen die Wachtmeister und passten mit gespitzten Ohren und offenen Augen auf, dass man nichts Falsches sagte oder gar zusteckte - ansonsten wurde der Besuch sofort abgebrochen.

Es gab viel zu erzählen. Vor allem, wie geht es Simone? Was machen die Freunde? Wer wurde noch verhaftet? Wer hat seinen Antrag auf Grund der Verhaftungswelle zurückgezogen? Und, und, und...
Grüße wurden übermittelt.
Die Besuchszeit ging viel zu schnell vorbei.
Kurz bevor die Zeit um war, sagten sie mir, dass Simone wieder mit dabei wäre. Leider durfte sie nicht mit hereinkommen und wartete draußen im Auto.
Es war ein Wechselbad der Gefühle. Freude, dass sie da war. Wut, Trauer und Frust, dass ich sie nicht sehen durfte.
Aber aus der Not heraus gab es einen ganz kleinen Trost.

Es gab eine Stelle an einem Fenster, aus der großen Zelle, in der ich als „Zugangs - Ei“ das erste Mal untergebracht war. Von dort aus konnte man auf dem Fenstersims, ganz oben

stehend, über den Sichtschutz und die Gefängnismauer auf die andere Straßenseite schauen.
Es waren gut 50 bis 70 Meter, aber besser als gar nichts. Den Tipp hatte ich von anderen Gefangenen, die so wenigstens auch mal kurz die Freundin, Frau oder Kinder sehen konnten.

Ich vereinbarte diese Stelle im Flüsterton mit meinen Eltern, in fünfzehn Minuten nach dem Sprecherbesuch.
Ich war aufgeregt. Mein Herz schlug bis zum Hals. Wird es klappen?
Ein Zellengenosse stand an der Tür Schmiere, falls ein Wachtmeister kommt.
Die Zeit war um. Ich streckte mich am Fenster und hielt Ausschau.
Und dann! Da war sie! Meine Simone!

Ich winkte, war in dem Moment glücklich und musste dabei aufpassen, dass ich nicht vom Sims falle.
Sie winkte zurück. Schreien, geschweige denn reden konnten wir nicht.
Nur Sichtkontakt.
Ich schluckte und winkte, gab Handkuss und sie gab zurück.
Sie schaute auf den Wachturm, der am Ende der Mauer war.
Ein kurzer Augenblick noch, dann verschwand sie wieder hinter der Mauer.
Ich war fertig, der Tag war gelaufen!

Da muss etwas passieren, dachte ich! Ich meldete mich für einen Termin bei meinem „Erziehungsoffizier" an. Ja, man musste einen Termin machen.

Der ließ mich natürlich erst einmal zappeln und weiter arbeiten.
Scheiß Situation.

Wie übt man Druck aus, um etwas zu erreichen, in einer Position, die aussichtslos für einen ist? Entweder ich bekomme eine Sprecherlaubnis für Simone oder ich mache Arbeitsverweigerung.
Mmh, ist vielleicht doch keine gute Idee. Also erstmal weiter arbeiten.

Meine Eltern durften ein Sprechergeschenk im Wert von 20,00 Mark der „DDR“ mitbringen.
Ein Paket durften sie, nach meiner 100% igen Arbeitsleistung, auch einmal im Monat schicken. Das Gewicht war auf maximal 2 kg begrenzt.
Also hatte ich meine Arbeit in dieser Hinsicht doch gut erfüllt.
Die Sache mit den Verbrennungen an den Füßen war vom Tisch - oder doch nicht?
Jetzt fehlte eigentlich nur noch eines, die Sprecherlaubnis für Simone.
Doch die Zeit verging, ohne dass eine Entscheidung oder gar ein Termin beim „Erziehungsoffizier“ stattfand.

Briefe wurden vor der Dienststube der Wachtmeister, an einem Tag, einmal in der Woche verteilt. Aus unserem Gefängnisblock haben sich diejenigen, die Post erwartet haben, eingefunden und unter Aufrufen der Namen wurde dann die vorhandene Post verteilt.

Wenn man ein Päckchen bekommen hatte, musste man direkt zum Wachtmeister in die Dienststube. Dort wurde das Päckchen vor der Herausgabe an den Empfänger vom Wachtmeister geöffnet und durchsucht.
Sogar die Trinkfixdose wurde aufgerissen und mit einem Messer darin herumgestochert.
Hätte ja Schwarztee drin sein können!

Natürlich hat man immer versucht zu schmuggeln.
Besonders der Schwarztee, der ja sehr beliebt war und zudem zusätzliches Geld beim Verkauf brachte, war Schmuggelware Nummer eins. Zum Beispiel wurden in Trockenmilchpäckchen die Schwarzteebeutel hinein präpariert.
In Einmachgläsern Schnapskirschen und in Bonbontüten versteckt waren Kaugummikugeln.
Wenn die geschmuggelte Ware durchkam, war es wie Weihnachten und Ostern zusammen.
Konservendosen waren verboten und wurden gleich einbehalten.

Die Regeln für die Angehörigen waren klar. Für das Sprechergeschenk im Wert von 20,00 Mark der „DDR“ wurde alles, was schwer und billig war mitgebracht. Also viele Zwiebeln, Knoblauch, Obst und Westseife.

Ins Päckchen für 2 kg kam alles, was teuer und leicht war, wie z.B. Westzigaretten und Westschokolade. Aber alles mit bunten Bildern!
Rothändle ohne Filter waren bei den Krimis ebenfalls fast wie Gold wert. Besser als Karo - Zigaretten. Da pfiff die Lunge La Paloma.

Ich konnte mir z.B. für eine Schachtel HB - Zigaretten beim „Küchenbulle“ auf Arbeit immer einer zusätzlichen Doppelpackung Wurstbrote sicher sein.
Bei der Werkzeugausgabe oder in der Kleiderkammer war es ebenfalls so. Man bekam durch kleine Geschenke immer einwandfreie Werkzeuge oder die besseren NVA - Offiziersklamotten. Hosen, Jacken und Hemden.
Ein trauriges aber wirkungsvolles Statussymbol im Knast, auch gleichzeitig der Beweis der Beziehungen. Es war überall das Gleiche.

Jeder Gefangene hatte bzw. musste einen Spanner haben.
Spanner, damit ist nicht der Typ gemeint, der außerhalb des Gefängnis als Spanner bezeichnet wird. Sondern es war derjenige, der mit dir die Päckchen, Geschenke, den Tee oder das Essen geteilt hat.
Vor allem Beziehungen zu bestimmten Personen in bestimmten Positionen waren dabei wichtig.
Bei der Essenausgabe, in der Wäscherei, beim „Küchenbulle“ selbst oder bei der Werkzeugausgabe. Diese wurden dann im gegenseitigen Interesse genutzt und gewinnbringend umgesetzt. Der gelobte Teamgeist.

Auch war der Spanner dazu da, einem das Abendessen aus dem Speisesaal zu holen, wenn man selbst nicht konnte. Dann zum Beispiel, wenn die Arbeitsschicht nicht rechtzeitig in der Haftanstalt eingetroffen war.
Denn wenn es keiner für einen gemacht hatte, war die hergerichtete portionierte Scheibe Wurst meistens schon geklaut, bevor man in den Speisesaal zum Essen kam.
Kommt es zu einer Entlassung von einem der Beiden, erbt

der Verbleibende die persönlichen Sachen des Anderen - das Geld, Tee, Kosmetikartikel und Nahrungsmittel.
Da die politischen Gefangenen bei den Krimis wegen der West - Päckchen als beliebte Spanner im Vorteil waren, konnten sie sich ihre Spanner unter mehreren Bewerbern aussuchen.

Mein erster Spanner war ein Krimi, der wegen Schlägerei inhaftiert war.
O.k., er war ehemaliger Boxer ohne Angehörige, die zu einem Besuch kamen. Auch ein Päckchen bekam er nicht, aber er war lange genug in der StVE um Schwarztee, Zigaretten und andere Dinge zu beschaffen.
Diese organisierten Dinge verkaufte ich dann wieder gewinnbringend weiter.
Zwei Tassen Schwarztee und zwei Stück Torte mussten vom Käufer natürlich zusätzlich, je eines für uns Beide, mit dabei rausspringen.
Ich nahm dann später auch Bestellungen für Geburtstage, für Ostern oder für andere private Zwecke an. Einen Grund gab es eigentlich immer, jedes „freie“ Wochenende- besonders die ohne Sonderschichten. Ich lieferte das Geld, mein Spanner versorgte die Sachen.
Was wichtig war, ich blieb im Hintergrund.

Am Samstagnachmittag, nachdem der Konsum - Bäcker in der Stadt geschlossen wurde, brachten sie die nicht verkauften Torten ins Gefängnis. Im Sommer war auch ab und zu Obst aus der Gegend dabei. Aber dies waren alles nur Sachen, die nicht mehr verkauft werden konnten. Wenn alles verkauft wurde, gab es natürlich nichts.

Dann konnte man sich auf einer Liste eintragen, um für das nächste Wochenende eine Torte zu bekommmen. Am Tag der Lieferung musste man dann bezahlen. Ungesehen, egal welche Torte es gab. Voraussetzung dafür war, dass in den Läden an diesen Wochenenden etwas übrig geblieben ist und nicht mehr zu verkaufen ging.
Hatte man am Sonntag die Torte nicht gegessen, war bereits oft schon Schimmel darauf.
Das Obst wurde meistens im Speisesaal hingestellt und lief schon sprichwörtlich aus der Kiste davon.
Wir haben aber immer noch Einiges herausgesammelt. Vitamine waren eben Mangelware.

Mein Spanner hatte auf einer seiner Besorgungstouren im Block Schwierigkeiten bekommen. Er hatte dabei, in eine Schlägerei verwickelt, ein Sichtschutzfenster zerschlagen.
Es gab einen unangekündigten Soforteinschluss für den ganzen Block.
Rums, alle Türen zu und verschlossen. Auf dem Gang ein Mordsgeschrei.
Alle saßen in den Zellen fest, in denen man sich gerade befand. Man konnte nur abwarten.

Ich habe über den Vorfall dann erst später von Anderen erfahren. Er konnte sich nicht mehr bei mir melden.
So gesehen war es ein gutes Zeichen. Er hatte dicht gehalten, sonst wäre ich auch noch dran gekommen. Der finanzielle Verlust war zu verschmerzen.
Er wurde weggeschlossen und in einen anderen Block verlegt. Ob er Nachschlag für diese Aktion bekommen hat, kann ich nicht sagen.

Ich war erst einmal ohne Spanner.

In unserer Zelle gab es einen Abschied. Unser „Bridger“ wurde wieder mal entlassen.
Ein eigentlich ganz ordentlicher Kerl, der insgesamt 22 Jahre seines Lebens im Gefängnis verbracht hatte.
Eine Vorgehensweise in der „DDR“, die von „Führers“ Zeiten übernommen wurde. Diese verhalf ihm und anderen dazu, viele Jahre im Knast zu verbringen.
Es fing meist einfach an: Man wurde wegen eines kleineren oder größeren Deliktes inhaftiert.
Auch asozial zu sein, war ein Grund. Man bekam zum Beispiel 6 Monate Haft und musste in einer der vielen Haftanstalten arbeiten.
Nach guter Führung kam man z.B. nach 4 Monaten auf Bewährung und mit Auflagen wieder frei.
Es wurde eine Wohnung gestellt, ein Arbeitsplatz. Einmal in der Woche musste man sich bei der Polizeidienststelle melden. Man bekam Taschengeld und nach 22.00 Uhr durfte kein Besuch mehr empfangen werden.
Dies wurde kontrolliert. Wenn man gegen diese Bewährungsauflagen dreimal verstoßen hatte, war man ruck zuck wieder drin. Neu verurteilt. Plus die Bewährungszeit.
Das konnte man treiben, immer und immer wieder.
Irgendwann ist man dann alt.
Ich bin sicher, dass unser „Bridger“ nicht das letzte Mal eingesessen ist.

Die Tunte vom „Bridger“, auch gleichzeitig sein Spanner, übernahm seinen Posten.
Ein Bett war nun in unserer Zelle frei.

Der Neue, der kam, war aus einem anderen Block zu uns verlegt worden.
Es war der Sohn eines Bürgermeisters, behauptete er zumindestens - oha, Prominenz!
Warum war er hier?
Er hatte die falschen Freunde, die falsche Einstellung, ein bisschen geschlägert und schon war er da, wo man in seiner Position eigentlich nicht sein sollte - in der StVE!
Nach einigen Tagen in „unserer" Zelle fragte er mich, ob ich einen Spanner wie ihn nehmen würde. Er hätte nichts weiter zu bieten, außer die sogenannten Beziehungen sprichwörtlich bis ins „Weiße Haus".
Ich willigte ein und die Geschäfte mit Schwarztee konnten wieder laufen.

Mein Ersuchen beim „Erziehungsoffizier" für einen persönlichen Termin ist endlich erhört worden. Der „King" empfing mich.

Meine Frage, nachdem ich meine 100% Arbeitsleistung von ihm bestätigt bekam, eine Sprechererlaubnis für Simone zu bekommen, beantwortete er mit folgenden Worten: „Ohly, wie alt ist ihre Freundin? 19 stimmt doch - oder nicht? Die hat doch schon längst in der Zwischenzeit wieder einen Anderen. Das ist doch eine „Büchse" wie jede andere auch.
Die wartet doch nicht darauf, dass der Ohly wieder raus kommt. Vergiss die ganze Geschichte. Eine Sprecherlaubnis gibt es für sie nicht. Erfülle die Arbeitsaufgaben und es gibt keinen Ärger. Ist das klar?"

Was soll ich tun? Für was hält der sich? Ich wollte dem arroganten Arschloch an die Gurgel springen!
Ich war fertig und geknickt!
Welche Möglichkeit gab es nun eigentlich noch? Heiraten im Gefängnis? Dies wurde schon bei der Stasi unter Gelächter abgelehnt.
Was könnte ich machen, welche Chance hatten Simone und ich, welche Zukunft?
Es stellten sich mir viele Fragen.
Wann und wo komme ich wieder raus? Muss ich die eineinhalb Jahre voll absitzen? Komme ich in den Westen oder werde ich wieder in die „DDR" entlassen? Geht der Ärger dann wieder weiter?
Wie lange würde Simone auf mich warten?
Es waren wieder mal zu viele Gedanken, die mir durch den Kopf gingen.
Auch wusste ich zu diesem Zeitpunkt nicht, dass die Stasi bereits an meiner Ausreise arbeitete.

Die Zeit, in der Simone und ich uns verliebt hatten, stand unter keinem guten Stern. Sie war sehr schön aber zu kurz.
Wir beide hatten es aber gewusst, dass ich die Ausreise in die Bundesrepublik beantragt hatte.
Nur mit einer Verhaftung hatten wir nicht gerechnet.

Ich musste eine sehr schwere Entscheidung treffen.
Die Situation, in der wir uns beide befanden, in einer Beziehung und Liebe, die nicht von Angesicht zu Angesicht oder durch Streit aufgegeben wurde, sondern durch eben diese auswegslose Lage, die mich nun dazu zwang, unsere Beziehung zu beenden.

Es ist mir nicht leicht gefallen und es war für uns beide sehr schlimm.
Ich war am Boden zerstört.

Diese für mich gefällte schwere Entscheidung und die damit verbundene Nachricht an Simone, die mein Vater ihr nach dem stattgefundenen Sprecherbesuch überbrachte, war hart und bitter.
Ich dachte aber, dass es das Beste für sie und für mich wäre, einen Schlussstrich zu ziehen.
Die Beziehung zwischen uns war nun mit „Herz - Schmerz“ beendet.
War sie das wirklich?
Nein!

Es mussten aber erst viele Jahre vergehen, dass es für uns beide doch noch zu einem guten, überraschenden Ende kommen sollte.
Aber, das wussten wir beide zu diesem Zeitpunkt nicht.

Einen kleinen schmerzlindernden Trost gab es in dieser Situation. Ich hatte nun keinen Angriffspunkt mehr, von diesen „Senfgurken“ wegen einer Sprechererlaubnis für Simone erpresst zu werden.

Simone zog aus meiner Wohnung aus, in der sie noch wohnte, und wieder bei ihrer Mutter ein. Mein Vater löste danach meine Wohnung auf und verkaufte mein Auto.
Von meiner Mutter bekam ich später ab und zu eine Information über Simone. Auch, dass sie einige Jahre später geheiratet hätte, erzählte sie mir.

Vorblatt
I/4

Strafvollzugseinrichtung
Naumburg / Saale

Erzieherbereich I

Naumburg, den 01.02.85

Aufnahme und erstes Erziehungsgespräch

Strfg. O h l y, Mario geb.am
in : Tangermünde
wohnhaft : 93o3 Bärenstein
Oberwiesenthalerstr.

Punkte 1 und 2 treffen nicht zu

Zu 3. - siehe Bl. 12

Zu 4. - am 16.01.84 schriftlich an Inneres Annaberg-Buchholz ef. 22.3.84
- bekräftigungen erfolgte auch durch die Eltern

Zu 5. - keine

Zu 6. besuchs und Schreibadressen:

Eltern	Rita Ohly Waldemar Ohly	Verkäuferin HO Kaufhaus Schmiedemeister selbständig 93o3 Bärenstein Oberwiesenthalerstr- Nr 58
Freundin	Simone Riedel	Sekretärin Papierfabr. Niederschlag 93o1 Hammer-Oberwiesenthal Schulweg

Der Strf . wurde in das Erzieherbereich eingewiesen und belehrt.
Im Gespräch wurde festgestellt, daß er nicht bereit ist seinen gestellten Antrag zur Übersiedlung in die BRD zurückzunehmen.
Er hält hartnäckig daran fest. Unterstützung findet er durch seine Eltern, die an den RA Vogel Briefe verfassen.
Die Pflichten im Strafvollzug will er erfüllen.

Ltn.d.Sv
~~Erzieher~~

Erziehungsgespräch 01.02.1985

Ansonsten gab es auch von meinen Eltern keinen Kontakt zu ihr.

Die Monate im Gefängnis vergingen.
Arbeit macht frei, sagte man, was hier nicht ganz zutraf. Zumindest aber lenkt sie von quälenden Gedanken ab.
Einmal im Monat, entweder sehr früh am Morgen nach der beendeten Nachtschicht oder am Abend nach der Tagschicht, immer vor dem Zelleneinschluss, wurden einige von den politischen Gefangenen, ohne vorherige Ankündigung und ohne Rücksicht auf das Strafmaß, auf Transport geschickt. Den Gerüchten zu Folge handelte es sich dabei um Transporte in den Westen.
Nach welchen Kriterien die Leute ausgewählt worden sind, konnte keiner sagen.
Man dachte immer im Geheimen - hoffentlich bin ich bald dabei!
Die Hoffnung stirbt ja bekanntlich zuletzt.

Auf Arbeit machten wir uns Limonade. Besonders im Sommer war das zum Muckefuck und zum Wald - und Wiesentee eine gute Erfrischung. In einem 10 Liter Essenkübel, den wir vom „Küchenbulle“ organisierten, füllten wir Wasser und lösten darin Tangermünder Marmelade auf. Die gab es ja zur Genüge.
Den Kübel haben wir dann gut hinter den Schweißerkabinen versteckt. Dann hängten wir noch einen Schlauch von einer Ersatzkohlensäureflasche hinein, die zum Schutzgasschweißen benutzt wurde. Das Ventil aufdrehen und das Ganze schön lange blubbern lassen. So entstand lecker Limonade.

Aus unseren Plastiktassen schmeckten natürlich die Limonade und der Schwarztee nicht so gut. Deshalb wurden aus Milchglasflaschen Gläser zum Trinken hergestellt.
Um die Flasche wurde, schön gerade, einmal der Schweißdraht aus der Düse des Schutzgasschweißgerätes herumgewickelt.
Dann wurde das Gerät eingeschaltet, und der Strom brachte den Draht zum Glühen, so bekam man eine Sollbruchstelle.
Schnell noch das Ganze in kaltem Wasser abschrecken, damit sich die zwei Teile lösten, und fertig war das Glas. Nur noch die scharfen Kanten wegen der Verletzungsgefahr etwas abschmirgeln - perfekt.

Oft hatten wir nicht lange Freude an solch selbst hergestellten Sachen.
Wir kamen wieder mal früh von der Schicht ins Gefängnis und da sah es in der Zelle aus, als hätte eine Bombe eingeschlagen.
Alles war aus den Spinden rausgeschmissen und lag auf dem Boden. Die Betten waren zerwühlt. Die Wachtmeister hatten wieder einmal gefilzt und Razzia gemacht.
Sie suchten nach Hackerbesteck, welches zum Tätowieren benutzt wurde, Schwarztee und anderen verbotenen Sachen.
Auch die Gläser waren jedes Mal mit weg. Ein Versteck wie im Siphon des Waschbeckens war ebenfalls bekannt und wurde nach Nadeln durchsucht.

Gehackt, also tätowiert, wurde immer wieder, obwohl es verboten war.
Es gab Leute, die von sich behaupteten, sie wären gute „Hacker“, aber weit gefehlt.

Kreisdienststelle Annaberg Annaberg, 21.05.1985

Schlußbericht

zum OV "Amboß", Reg.-Nr. XIV 2960/84

Am 06.10.1984 wurde der OV gegen den hartnäckigen Antragsteller auf Übersiedlung in die BRD

Ohly, Mario
in Tangermünde
wh.: 9303 Bärenstein, Oberwiesenthaler Str.

gem. § 220 StGB angelegt.
Der Verdächtigte gehörte einer Konzentration von Antragstellern im Raum Bärenstein an und stand im begründeten Verdacht zur Durchsetzung seiner Pläne und Absichten demonstrative Handlungen zu begehen. In seinen Schreiben verleumdete er die staatlichen Organe der DDR.
Weiterhin lagen Hinweise zur Begehung ungesetzlicher Verbindungsaufnahme zu Institutionen der BRD vor.
Durch zielgerichtete Bearbeitung des vorliegenden Ausgangsmaterials konnte am 09.10.85 durch die Abt. IX der BV KMSt ein EV mit Haft eingeleitet werden.
Die durchgeführten Untersuchungen bestätigten vollauf die erarbeiteten Hinweise und der Ohly wurde am 03.12.84 durch das Kreisgericht KMSt. Mitte - Nord nach §§ 220(1) (2) 219 (2) 1 StGB zu einer Freiheitsstrafe von 1 Jahr 6 Monate verurteilt.
Nach der Verurteilung wurde der Ohly in die StVE Naumburg überführt.
Die Entlassung aus der Haft ist für den 09.04.86 vorgesehen.
Da bei O. auch nach der Haftentlassung mit fortgesetzten Aktivitäten zur Durchsetzung der Übersiedlung zu rechnen ist, wurde am 29.01.85 ein Vorschlag zur Übersiedlung des Ohly aus der Haft in die BRD erarbeitet.

Der OV wurde erfolgreich mit Haft abgeschlossen. Es wird vorgeschlagen den Vorgang in der Abt. XII in nicht gesperrter Ablage zu archivieren.

Oltn.

bestätigt:

Leiter der Kreisdienststelle

/ Oberstleutnant

Abschlußbericht der Stasi 21.05.1985

Am Schluss war es eben nur eine Preisfrage ob man sich diesen „Spezialisten“ zum Tätowieren anvertrauen sollte.
Das Hackerbesteck bestand aus einer Nadel, die spitz war und vorne ein kleines bisschen verbogen. Damit konnte die Haut gut aufgeritzt werden. Diese Nadel wurde ganz vorn mit Garn umwickelt, das als Tintenspeicher diente.
An gute Farbe kam man schlecht ran. So wurde Kugelschreibertinte für blau und schwarz, oft mit Ruß vermischt, genommen. Rot wurde aus zeriebenem Ziegelstein hergestellt.
Da waren Entzündungen und Eiterungen der Haut vorprogrammiert.

Auch wenn einer der Tätowierten selbst gesehen hätte, was ein solcher „Hackerspezialist“ ihnen unter viel Schmerzen auf den Rücken fabriziert hat, ich glaube, den hätte so manch einer umgebracht.
Es gab „Bilder“ von Segelschiffen, die unkenntlich und wie ein altes zerfleddertes Wrack aussahen. Auch Tiger, die an eine überfahrene Katze erinnerten, gab es.
Oha - bloß nicht über solche „Unfälle“ lachen! Hätte sonst schief für einen ausgehen können.

Es wurden auch Augenlider tätowiert. Keine leichte Sache und nur was für Profis. Ein Teelöffel, der unter das Lid gehalten wurde, erleichterte die Sache.
Auf der Stirn gab es eine Straßenbahn und nicht selten Hakenkreuze am Hals.
Diese wurden dann im Haftkrankenhaus in Meusdorf operativ entfernt. Auch unter Zwang, wenn es denn sein musste.
Was blieb, waren fette Narben.

Diese Zellendurchsuchungen wurden ab und zu durchgeführt, dann lagen alle unsere Sachen verstreut auf dem Zellenboden.
Die ganzen Klamotten und meine privaten Fotos, die ich beim Sprecherbesuch von meinen Eltern bekommen hatte, Briefe und meine kleine Bibel, die ich nun offiziell hatte, lagen auf dem Boden. Es erging allen Zelleninsassen so, auch dem „Bridger".
Müde und schlapp von der Nachtschicht konnten wir also nicht ins Bett, sondern mussten erst wieder „Klar Schiff" machen. Ja, Toll!

Samstags war großer Putztag, auch nach einer durchgeführten Sonderschicht. Da wurde das Gefängnis gründlich geputzt. Die Zellen selbst, die eigenen Spinde, die Gänge und die Nasszellen waren natürlich auch mit dran.
Man teilte sich die Arbeiten gegenseitig auf. Der „Bridger" kontrollierte den Fortschritt und gab, falls notwendig, Anweisungen zum besser machen.

Die Fenster wurden mit Zeitungspapier geputzt. Die langen Gänge mit einem Blocker, auf dem als Gewicht ein Mitgefangener stand. Mit viel, viel Bohnerwachs sind die Gänge auf Hochglanz gebracht worden.
Wenn alles fertig war, mussten alle aus dem Trakt vor den jeweiligen Zellen antreten. Dann wurde eine Inspektion von zwei Wachtmeistern mit dem jeweiligen „Brigder" der Zelle durchgeführt.
Ob die Betten richtig gemacht und die Schuhe geputzt worden sind, alles wurde genauso kontrolliert wie die Sauberkeit der „Nasszelle".

Die Zelle, die am besten geputzt wurde, bekam zur Belohnung einen Kübel mit Schwarztee.
Ja, damit konnte man die Leute eben bei Laune halten!

Wenn die Arbeitsleistung in der Fabrik vom ganzen Block zu 100% erfüllt wurde, gab es dafür als „besonderes Bonbon" im Speisesaal auch mal eine Filmvorführung.
Diese organisierte der Polit - Offizier und er ordnete auch an, welcher Film gespielt wurde.
Natürlich gab es immer wieder nur rote Propagandafilme - haben wir schon vorher gewußt.

Die Tische wurden auf die Seite und die Stühle in Reihen aufgestellt.
Komisch, in diesen Filmen haben prinzipiell immer nur die Russen gewonnen. Als aber einmal, ausnahmsweise, in einer Filmszene die deutschen Soldaten über die Russen siegten und es von einigen Krimis Applaus dafür gab, wurde die Filmvorführung sofort abgebrochen.
Mit Riesenlärm und mit geschwungenen Schlagstöcken wurden wir mit Eile in unsere Zellen getrieben und zwar zack, zack.
Das Wochenende war gelaufen. Für diese Aktion gab es Einschluss für alle.
Wir mussten in den Zellen bleiben - toll.
Keine Geschäfte, kein Tee und kein Smalltalk mit anderen Zellennachbarn.

So vergingen die Monate, Tag ein, Tag aus.
Es war immer wieder der gleiche Trott, arbeiten, schlafen und essen.

Ein paar Geschäfte machen und immer hoffen, dass die Zeit bald rum ist.

Vielleicht aber ist sie sogar schneller vorbei als gedacht. Mit einem Transport in den Westen!

Zurück zur Stasi

Inzwischen war es September 1985.
Dann war es endlich soweit, der lang ersehnte Tag kam - ganz überraschend.

Wir waren wieder mal gerade von der Nachtschicht ins Gefängnis gekommen, bereits zurück vom Frühstück und für den Einschluss bereit.
Es wurden immer alle Zellen der jeweiligen Gegenschicht, während man geschlafen hatte, verschlossen. An den Wochenenden gab es zu bestimmten Zeiten, wenn alles o.k. war, einen Aufschluss für alle Zellen, aber nur für eine bestimmte Zeit.
Dann konnte man in andere Zellen im Block gehen, entweder um Neuigkeiten zu erfahren oder Tee zu trinken.

Wir standen nun also vor der Zelle in Nachthemden, zum Einschluss bereit.
Ja, in Nachthemden - wie früher.
Der Wachtmeister nahm die Meldung zum Einschluss vom „Bridger“ entgegen. Im Anschluss daran sagte er aber: „Ruschke, Ohly! „X“ plus 5 Minuten - Sachen packen und fertigmachen zum Transport!“
Aus unserer Zelle hat es uns beide endlich getroffen. Uns - und zwar wie der Blitz!
Im Magen wurde es uns beiden mulmig und zittrig in den Knien.
Los, schnell wieder umziehen!
Die anderen Mitgefangenen gratulierten uns, wussten aber

auch nicht, wo die Reise nun hingeht. Aber, wenigstens erst mal weg hier!
Die Freude war riesengroß.
Die Frage aber: War es das jetzt und ging es endlich ab in den Westen?

Wir beeilten uns und packten unsere persönlichen Sachen ein, Fotos und Briefe.
Das Knastgeld, die noch vorhandenen Nahrungsmittel und die Kosmetikartikel bekamen unsere Spanner. Wie es so üblich war.
Sie freuten sich natürlich.
Es gab einen kurzen Abschied und alles Gute für alle.

Nach ca. 5 Minuten wurde die Zellentür wieder aufgeschlossen. Wir sind dann vom Wachtmeister in den „Eingang“ gebracht worden.
Es waren noch weitere Gefangene aus anderen Blocks dabei, die auch von Wachtmeistern begleitet wurden.
Im „Eingang“ haben wir unsere private Kleidung wiederbekommen, die wir mit der Gefängnisbekleidung austauschten.

Der „Eingang“ wurde nun zum „Ausgang“.
Es war eine stille und angespannte Situation - Ruhe bewahren!
Wir sind noch nicht raus und hier weg aus der StVE Naumburg.

Da wir ja erst kurz vorher aus der Nachtschicht gekommen waren und sich nun auch die Müdigkeit bemerkbar machte, kam dies einem alles vor wie in Trance.

Draußen wurde es inzwischen wieder hell. Wir saßen auf langen Bänken nebeneinander, kämpften mit dem Schlaf und warteten auf den Transport.
Aber irgendwie waren wir dabei doch glücklich.
Dann ging es endlich los. Zack, zack!
Die Schleuse hindurch auf den Hof und in einen uns schon bekanntem Koffer - LKW hinein. So einer hatte uns vor vielen Monaten von der Stasi U - Haft zum Hauptbahnhof gebracht.
Wenigstens mussten wir nicht mehr im Zug stundenlang in der Gegend rumfahren.

Es ging zu unserer Enttäuschung leider nicht in den Westen. Nein, es ging zurück zur Stasi! Dem Ausgangspunkt der Inhaftierung - zurück auf den Kaßberg!
Was sollte das nun wieder werden?
Das Warum und Wieso sollten wir aber noch früh genug erfahren.

Ich wurde zusammen mit drei weiteren Gefangenen in eine Zelle eingeschlossen.
Da wir keine Untersuchungshäftlinge waren, wurden wir in einem anderen Block, als uns bekannt war, untergebracht.
Müde und kaputt legten wir uns auf die Pritschen. Lange konnten wir uns aber nicht erholen.
Die Tür wurde unter Schlüsselrasseln aufgeschlossen und man holte uns einzeln heraus.

Der Ablauf war der selbe wie beim allerersten Mal. Ruhe, Gesicht zum Boden und mitkommen.
In einem Zimmer bei einem Stasi - Offizier wurde nun noch

einmal im einzelnen nachgehakt, ob ich immer noch in den Westen will.
Ob ich meine Meinung eventuell doch noch geändert hätte.
Ich sollte doch auch an die Eltern denken, die zurück bleiben.
Ja, ich nahm das zur Kenntnis.
Dass „Sie" mich aber eingesperrt, erpresst und in eine Entscheidung gedrängt haben, mit Simone Schluss zu machen, davon wollten sie nichts mehr wissen.

Er erklärte mir, dass es im kapitalistischen Westen viele Arbeitslose gebe und eine hohe Kriminalität. Da könne man schnell unter die Räder kommen - bla, bla, bla...
Ich lass` mich doch jetzt nicht mehr abbringen, nachdem „Die" mir das Ganze angetan hatten. Mich um ein ganzes Jahr meines Lebens beschissen und dazu unschuldig eingesperrt haben. Was ich im Knast alles durchmachen musste - nein!
Ich bestand auf eine Übersiedlung in den Westen zu meiner Verwandtschaft.

Ich musste eine schriftliche Bestätigung erstellen.
Dass ich von diesem doch so tollen Staat der „DDR" nichts mehr wissen möchte, ich unbedingt ausreisen will und somit aus der Staatsbürgerschaft der „Deutschen - Demokratischen - Republik" entlassen werden soll.
Dass dies in Unehren und unerwünscht war, versteht sich doch von selbst.
Auch eine eventuelle Einreise in die „DDR" würde ich nie wieder bekommen, erklärte er mir.
Dann wurden von mir noch Fotos für den Entlassungsschein gemacht.

Im Anschluss wurden weitere Gespräche über die eigenen Finanzen, das Vermögen, eventuelle Schulden oder Kindesunterhalt geführt.
Auch ob Wohnungs- und Girokontenauflösungen noch durchgeführt werden müssten.

Ich hatte die meisten Sachen, wie z.B. die Kontoauflösung, bereits selbst schon vor der Verhaftung durchgeführt. Später hat den Rest, wie die Wohnungsauflösung, mein Vater erledigt.
Somit bestand bei mir kein weiterer Handlungsbedarf und das Thema war erledigt.

Nun gab es aber noch die finanzielle Einlage aus der Stasi U - Haft und die Rücklage aus dem Vollzug.
Dieses Geld, es waren 320,00 Mark der „DDR“, durfte ich so nicht mitnehmen. Besser wäre gewesen, es in Westmark umzutauschen. Aber wo denn auch?
Es musste alles ausgegeben werden.
Ja, nur wie? Shoppen konnte man ja nicht gehen.

Für diesen Zweck gab es bei der Stasi einen größeren Raum, in dem es, wie in einem Laden, neue Klamotten, Taschen und Kosmetikartikel aus „DDR“- Beständen gab. Es war nicht gerade die neueste Kollektion an Kleidern und vor allem die hohen Preise für den Plunder schreckten ab.

Da wir aber alle nur die Bekleidung hatten, die wir gerade auf dem Leib trugen, kauften wir also gezwungenermaßen ein.
Man musste dafür nun wirklich das hart erarbeitete Geld ausgeben.

URKUNDE

Mario Ohly

geboren am

in Tangermünde

wohnhaft in Bärenstein

Oberwiesenthaler Str.

wird gemäß § 10 des Gesetzes vom 20. Februar 1967 über die Staatsbürgerschaft der Deutschen Demokratischen Republik (GBl. I S. 3) aus der Staatsbürgerschaft der Deutschen Demokratischen Republik entlassen.

Die Entlassung aus der Staatsbürgerschaft der Deutschen Demokratischen Republik wird gemäß § 15 Abs. 3 des Staatsbürgerschaftsgesetzes mit der Aushändigung dieser Urkunde wirksam.

Berlin

den 05.09.1985

Ausgehändigt am

11. Sep 1985

D.S.

Entlassungsurkunde aus der „DDR“ 05.09.1985

Somit kaufte ich mir mehrere Teile Unterwäsche, zwei Hosen, Hemden, Socken, eine Zahnbürste und Zahncreme sowie eine kleine Reisetasche aus Kunstleder.
Es waren zum Schluss noch 20,00 Mark übrig. Es gab nichts mehr dafür, was ich noch brauchen konnte.
Ich sagte zu den Schließern, sie sollen sich dafür eine Kiste Bier kaufen.
Was wollte ich sonst damit machen. Sie schauten mich ungläubig und verdattert an. Das hatten sie noch nie erlebt.
Die Tasche mit den Sachen wurde in einem Nebenraum aufbewahrt.

Ich wurde wieder zurück in die Zelle gebracht. Jeder einzelne von uns Gefangenen musste nun diese Prozedur durchlaufen.
Bei einem wie mir ging es schneller. Bei anderen gab es viel zu tun.
Da ging es um Schulden, Hypotheken, Scheidungskosten und Kindesunterhalt.
Bis das alles geklärt war und jeder seinen Entlassungsschein bekommen hatte, vergingen ein paar Tage.
Wir saßen in der Zelle und warteten ab, bis von uns der Nächste dran kam.

Zum Rasieren bekamen wir früh den guten alten elektrischen Rasierapparat.
Als U - Häftling hatten wir nur den Apparat selbst bekommen, dieses Mal gab es ihn mit der Schachtel, in der noch ein kleiner Spiegel war.
Wir entfernten diesen Spiegel und bauten mit einer Zahnbür-

ste und einem Schnürsenkel einen Teleskopspiegel, um aus dem Glasbausteinfenster herausschauen zu können.
Wir zogen das Brett, welches zum Verschließen des Fensters war, ganz heraus und konnten nun mit Hilfe des Spiegels auf den Hof schauen.
Wir drehten ihn hin und her, um in einer guten Position besser sehen zu können. Der Spalt zwischen den Glasziegeln war nicht besonders groß.
Links unterhalb des Gebäudes war ein etwas längerer Hof mit einem Tor. Rechts davon befand sich eine Mauer und eine Schleuse.
Dieser kleine Blick ins Freie tat gut - aber dabei immer auf den Schließer im Spion achten!

Ach ja, die Kloschüssel war wieder mit in der Zelle neben der Tür - wie am Anfang.
Wir drückten mit der „Lissi" das Wasser aus der Kloschüssel und gaben dann Klopfzeichen für die ausgewählte Zelle.
Egal, ob es die obere oder untere Zelle war, wenn sie auch das Wasser aus dem Becken gedrückt hatten, konnten wir uns unterhalten.
In der unteren Zelle waren Frauen aus Hoheneck, die auch auf den Transport in den Westen warteten. Etwas „Frauengegacker" nach so langer Zeit zu hören, war nicht schlecht.

Ja aber wann geht es nun endlich los?
Jeder weitere Tag des Wartens war eine Qual.

Nach dem Rasieren am nächsten Tag war bei uns in der Zelle die Aufregung riesengroß. Wir hatten wieder mit dem Spiegel zwischen dem Glasziegelfenster der Zelle auf den Hof geschaut.

Und da standen sie plötzlich, zwei Westbusse! Die müssen mitten in der Nacht gekommen sein.

Wir waren ganz aufgeregt und jeder wollte immer wieder raus schauen.

Auf den Schließer mussten wir achten, deshalb stellte sich einer innen vor den Spion.

Worauf warten die denn noch?

Sind die Busse für uns oder nicht? Was ist da los? Fragen, die keiner von uns beantworten konnte. Also mussten wir abwarten.

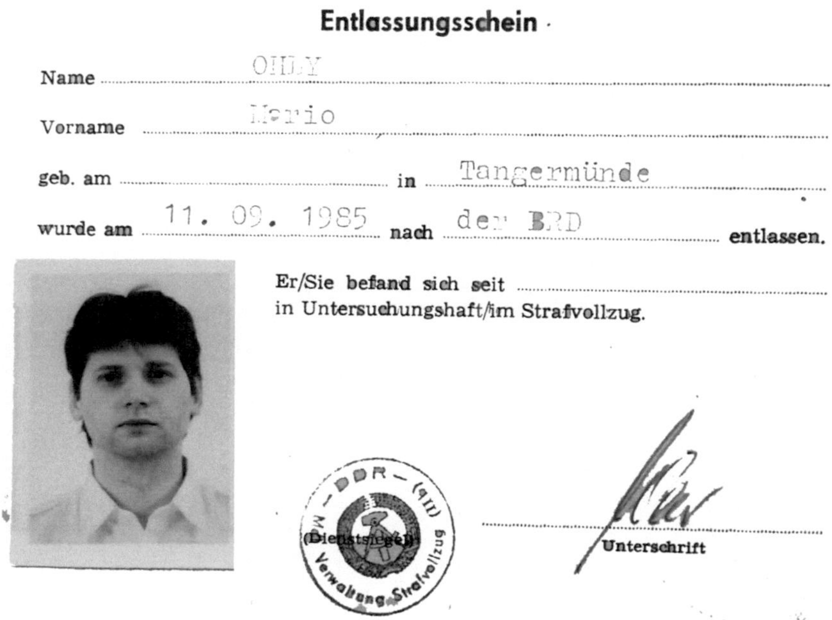

Entlassungsschein

Name OHLY

Vorname Mario

geb. am .... in Tangermünde

wurde am 11. 09. 1985 nach der BRD entlassen.

Er/Sie befand sich seit ....
in Untersuchungshaft/im Strafvollzug.

(Dienstsiegel) — DDR — (MdI) Verwaltung Strafvollzug

Unterschrift

Entlassungsschein aus dem Strafvollzug 11.09.1985

In Freiheit

Am nächsten Morgen nach dem Frühstück wurde die Zelle aufgeschlossen. Es musste diesmal keiner einzeln heraustreten. Wir sollten alle mitkommen, wie immer mit Ruhe. Es ging los!
Die Gänge hinunter und durch eine Seitentür auf den Innenhof und sofort in den geöffneten Bus hinein.
Ein Stasioffizier stand an der Tür und sagte im barschen Ton zu uns, dass kein Wort gesprochen werden darf, sonst findet diese Fahrt nicht statt.
Es war mucksmäuschenstill.
Ich ließ mich in das weiche Polster des Luxus - Reisebusses fallen.
Genuss pur. Unsere Augen glänzten vor Freude.
Die beiden Busse füllten sich. Frauen und Männer, diesmal nicht getrennt voneinander und ohne Handschellen.

Beide Busse waren nach einiger Zeit mit Gefangenen gefüllt und zur Abfahrt bereit. Das Tor wurde geöffnet und wir sind durch die Stadt zur Autobahn gefahren.
Ich schaute aus dem Fenster. Wie oft bin ich die Strecke zur Autobahn schon gefahren?
Die Häuser dreckig von den Braunkohleheizungen, alles grau in grau.
Es war ruhig im Bus und die Anspannung war uns allen ins Gesicht geschrieben - durch schöne Blässe.
Aber auch dadurch still, weil immer noch zwei Stasi - Typen in Zivil mit im Bus waren. Einer vorne und der andere hinten an der Tür. Hatten die Angst, einer von uns springt noch ab?

Auf der Autobahn ging es in Richtung Eisenach und weiter zur innerdeutschen Grenze.
Zudem waren auch noch zwei zivile Pkw mit Stasi - Leuten als Geleitschutz bis zur Grenzübergangsstelle mitgefahren. Einer vor und einer hinter den Bussen.

An der Grenzübergangsstelle Hirschberg haben wir kurz angehalten und die beiden Stasi - Männer sind wortlos ausgestiegen.
Wir wollten schreien und losjubeln.
Doch da meldete sich plötzlich der Busfahrer über das Mikrofon: Wir sollten ganz ruhig bleiben. Wir sind noch nicht im Westen! Wir sollten keine Grimassen schneiden oder sonstige beleidigende Gesten gegen die Grenzsoldaten durchführen. Denn „Die“ hätten dann auch schon mal den Bus wieder gestoppt und Leute kurz vor dem ersehnten Ziel herausgeholt. Wir verstummten. Das traute man denen zu. Das wollte natürlich keiner von uns.
Wir passierten schweigend die innerdeutsche Grenze.

Es war ein gewaltiger Komplex mit Schlagbäumen, Panzersperren, Stacheldraht und eine Menge an Flutlichtscheinwerfern sowie Wachtürmen.
Dass da kein Republikflüchting durchkommen konnte, war kein Wunder.

Unsere zwei Busse durften ohne Kontrolle auf einer separaten Fahrspur über die Zonengrenze fahren.
Dann meldete sich wieder der Fahrer: „Leute, ihr seid frei, ihr habt es geschafft, ihr seid jetzt im Westen! Herzlich Willkommen.“

Wir schrien, heulten, sind uns in die Arme gefallen.
Wir konnten es nicht richtig fassen und es hat eine Weile gedauert. Aber ein wunderbares Gefühl hatten wir!
Es gab plötzlich so viel zu erzählen. Die Anspannung und die Last der vergangenen Monate loszuwerden und das erlebte „Alte" hinter sich zu lassen. Es sprudelte aus uns heraus.
Der Lärmpegel im Bus war riesig.

Nun war ich endlich in dem Land, in dem der Himmel blauer ist, das Gras grüner und die Farben bunter sind!
Am nächsten Parkplatz haben die Busse kurz angehalten.
Es gab für jeden ein kleines Präsent. Dies war eine Tüte mit Schokolade, Kekse, Obst und eine kleine Flasche Saft zum Trinken. Das war seit langem wieder mal wie Weihnachten und Ostern auf einen Tag.
Wir waren glücklich.

Die Fahrt ging weiter ins Durchgangslager nach Gießen in Hessen.
Dort angekommen wurden wir auf das Herzlichste begrüßt.
Unsere Taschen mit den persönlichen Sachen, die wir bei der Stasi gekauft hatten, wurden ausgeladen.
Jeder von uns bekam 25,00 Deutsche Mark als Begrüßungsgeld.
Manche habe es gleich für den ersten Sekt in Freiheit auf den Kopf gehauen.

In kleineren Zimmern wurden uns Betten zum Schlafen zugewiesen.
Wir waren müde, aber sehr glücklich.

Die Nacht war ohne Schlüsselrasseln ruhig und entspannend.
Am nächsten Morgen gab es in einem hellen Speiseraum Frühstück. Brötchen, so weich wie Watte, Milch, die wie Kaffeesahne schmeckte. Gekochte, nicht stinkende Eier mit einem Eigelb, gelber als gelb. Schinken, Wurst und Konfitüre.

Frisch gestärkt begann der Papierkrieg und eine ärztliche Untersuchung. Wir mussten viele Fragen zur eigenen Person beantworten. Auch in welches Bundesland jeder Einzelne wollte, ob zu Verwandten oder Bekannten.
Das Durchgangslager war gut gefüllt und an der Aufnahmegrenze.
Je schneller man mit allen Formalitäten fertig war, desto eher konnte man es verlassen.
Wir durften uns dann noch aus der Kleiderkammer Schuhe und Jacken aussuchen.
So waren wir wenigstens für den Anfang und mit den Klamotten, die wir bei der Stasi kaufen mussten, halbwegs ausgestattet.

Ich hatte als Bezugsadresse angegeben, dass ich in den Süden von Deutschland, nach Baden - Württemberg zu meiner Tante möchte. Für die Zugfahrt dahin bekam ich eine Freifahrkarte geschenkt.
Am Abend zuvor hatte ich meine Tante noch telefonisch verständigt, dass ich nun im Westen bin und es mir gut geht. Sie war sprachlos, aber glücklich. Auch wollte sie gleich noch versuchen meine Eltern anzurufen, um ihnen die gute Nachricht weiterzugeben.

Dann ging sie los, die Zugfahrt mit der Deutschen Bahn.
Die Fahrt selbst war angenehm. Alles war neu. Ich habe jedes Detail in mich aufgesogen wie ein Schwamm. Ich wusste gar nicht, wo ich zuerst hinschauen sollte.
Vom Stuttgarter Hauptbahnhof, der mir riesig vorkam, ging es dann weiter bis zu meiner Tante ins Gäu. Diese wartete bereits am Bahnhof, um mich abzuholen.
Es war für alle, so auch für mich, eine große Erleichterung, dass ich, ohne größeren Schaden genommen zu haben, gut aus dem Gefängnis in den Westen herausgekommen bin.

Mit dem Auto ging es dann weiter zu meiner Verwandtschaft in einen kleineren schwäbischen Ort. Dort angekommen, habe ich auch gleich meine Eltern angerufen.
Sie waren, wie wir alle, glücklich. Es flossen Tränen des Glücks auf beiden Seiten.
Die Stasi hörte mit.
Die folgenden Abende waren ausgefüllt mit langen Berichten über meine Erlebnisse im Gefängnis und bei der Stasi. Die Verwandtschaft war geschockt über diese dort herrschenden Zustände.
Jeder, der meine Geschichte hörte, konnte es nicht glauben.
Meinen Freund, den Lehrer, verständigte ich ebenfalls über meine erlangte Freiheit und dankte ihm für seine Hilfe, die er im Vorfeld leistete.
Ich schickte Postkarten an meine Eltern, Verwandte und Freunde in die „DDR“. Auch eine an Simone war mit dabei.

Ich startete nun durch. Alle wichtigen Stationen, die für einen Neuanfang nötig sind, musste ich durchlaufen.

Vertraulich! Nur für ärztliche Dienststellen bestimmt!

Notaufnahmelager Gießen

Ärztl. Untersuch. Stelle

GIESSEN, den 12. 9. 85

Ärztlicher Befund:

Ohly, Mario geb.:

I. Schirmbildbefund:

Keine Zeichen eines derzeit aktiven spezifischen Prozesses

II. Untersuchung auf Geschlechtskrankheiten: Chediac Go.-Abstrich

III. Sonstige wesentliche Befunde: [illegible]

Der leitende Lagerarzt:

Stuhl und Urin auf pathogene Keime hier nicht kontrolliert!

Dr.
Medizinal-Ober-Rat
Facharzt für innere Krankheiten

3000 6. 82 - Klein, Gießen - 371.826 - Ga 13

Ärztlicher Befund vom Notaufnahmelager Giessen 12.09.1985

Eine gründliche Untersuchung beim Arzt und Zahnarzt waren als erstes dran.
Das Anmelden beim Bürgermeisteramt, Landratsamt und auf dem Arbeitsamt waren notwendig.
Ein Girokonto wurde eröffnet.

Eine Vorladung bei der Kripo in Böblingen musste auch wahrgenommen werden.
Dort musste ich für die Erfassungsstelle in Salzgitter Aussagen zu Protokoll geben und alle Namen derjenigen Personen nennen, die mir in ungerechter Weise Schaden und tätliche Angriffe zugefügt hatten.
Damit diese Lumpen später einmal, wenn es eine Wiedervereinigung von Deutschland geben sollte, zur Rechenschaft gezogen werden könnten.

Leider ist diese Erfassungsstelle nach dem Fall der Mauer genauso mit verschwunden wie das Ministerium für innerdeutsche Beziehungen in Bonn.
Viele der Täter sind so bis heute ungeschoren davongekommen.

Vom Ministerium für innerdeutsche Beziehungen sind wir etwas später, als ehemalige politische Gefangene, zu einem Seminar nach Bonn eingeladen worden.
Uns wurden dort die Hintergründe zur Deutsch - Deutschen Politik genauer aufgezeigt.
Die innerdeutschen Grenzbefestigungen mit ihren Selbstschussanlagen und Sicherheitssystemen wurden im Detail und am Modell erklärt sowie die Handelsbeziehungen zwischen der Bundesrepublik und der „DDR“ aufgezeigt.

Alles, so hieß es, gehe zwar nicht mit ganz rechten Dingen zu, so wie z. B. der Freikauf von politischen Häftlingen. Sie versuchten aber immer das Beste für beide Seiten. An der Wiedervereinigung von Deutschland arbeiteten sie ebenfalls. Es war alles hochinteressant.
Später besuchten wir noch den deutschen Bundestag in Bonn.

Amnesty International erkundigte sich nach meinem Wohlbefinden.
Von der Stiftung für ehemalige politische Häftlinge erhielt ich ein Begrüßungsgeld in Höhe von 3.000,00 Deutsche Mark.

Ich stellte einen Antrag auf Rehabilitierung für meine zu Unrecht erfolgte Verurteilung in der „DDR“.

Mit einem späteren Schreiben vom Landratsamt und durch das Häftlingshilfegesetz für ehemalige politische Häftlinge aus der „DDR“ erhielt ich von der Bank ein zinsloses Darlehen in Höhe von 5.000,00 DM.
Mit diesem zinslosen Darlehen konnte ich mir meine erste eigene Mietwohnung, in der nahe gelegenen Kreisstadt meiner Verwandtschaft einrichten.
Später erhielt ich noch eine kleine Entschädigung für die Haftzeit, die natürlich in keinem Verhältnis zur Realität stand.

Für eine Arbeitsstelle hatte ich mich bei Mercedes - Benz, dem größten Arbeitgeber der Region, beworben.
Ich interessierte mich schon immer für Autos und da viele von meinen Verwandten ebenfalls dort arbeiteten und es

VOS GEMEINSCHAFT EHEM. POLITISCHER HÄFTLINGE
Vereinigung der Opfer des Stalinismus e. V.
Förderungswürdige und gemeinnützigen Zwecken dienende Organisation

Lennéstr. 8 - Tel. (0228) 224016
5300 BONN 1, den 23. Sep. 1985

VOS - Lennéstr 8 - 5300 Bonn 1

Ref.. III/13/Be/Si.
(Im Anwortschreiben angeben)

Herzlichen Gruß in der Freiheit

Auf diesen Tag haben Sie lange gewartet!
Was Sie heute fühlen, welche Hoffnungen und Sorgen Sie bewegen, kann wohl kaum jemand verstehen - außer denen, die schon vor Ihnen den Weg gegangen sind, den Sie jetzt hinter sich und vor sich haben. Die schon vor Ihnen entlassenen politischen Häftlinge aus der DDR haben sich zu einer Vereinigung zusammengeschlossen, die keinen anderen Zweck hat als den:

> die Interessen der ehemaligen politischen Häftlinge im Bundesgebiet und in West-Berlin gemeinsam und geschlossen zu vertreten, ihre Stimme politisch hörbar zu machen und denen die Wege ebnen zu helfen, denen die Freiheit noch vorenthalten wird.

Sie sollten wissen: überall im Bundesgebiet warten auf Sie Schicksalsgefährten, die zum Teil erst wenige Monate, zum Teil aber auch schon viele Jahre vor Ihnen die Freiheit wiedererlangt haben, um Ihnen auf Grund der eigenen Erfahrungen mit Rat und Tat zur Seite zu stehen.

Wir wissen aus eigener Erfahrung: die ersten Schritte in der neu gewonnenen Freiheit, aber auch in einem Land, dessen Lebensverhältnisse Ihnen noch fremd sein müssen, sind die schwersten. Wir alle mußten in den ersten Wochen oder auch Monaten unseres Hierseins manche Enttäuschung erleben. Aber wir wissen ebenfalls aus eigener Erfahrung: die schweren Monate des Neubeginns, die Zeit der "Eingliederung" sind eine Episode in unserem Leben, die mehr oder weniger bald mit all' ihren Problemen überwunden ist. Verlieren Sie nicht deshalb den Mut!

Die Hilfe des Staates steht Ihnen vielfältig zur Verfügung. Auf den ersten Blick werden Sie kaum alle Hinweise übersehen und ordnen können, die Ihnen jetzt in Merkblättern und Gesetzestexten in die Hand gegeben werden. Aber: diese Hinweise sind sehr wichtig für Sie! Legen Sie sie nicht achtlos beiseite! Wir empfehlen Ihnen ganz besonders die Hinweise in unserem "Merkblatt für neu eingetroffene ehemalige politische Häftlinge", das Sie sicherlich auch in Gießen erhalten haben, zu beachten.

Wir sprechen nicht "in eigener Sache", wenn wir Ihnen raten zu überlegen, ob Sie sich der VOS anschließen wollen. Unsere "eigene Sache" ist nämlich die Sache aller ehemaligen politischen Häftlinge.

Postscheckkonto: Köln 18625-501, BLZ 37010050 · Spenden und Beiträge für die VOS sind steuerlich abzugsfähig.

Willkommen in der Freiheit 23.09.1985

DER BUNDESMINISTER FÜR INNERDEUTSCHE BEZIEHUNGEN

Z 10 -

(Bei Antwort bitte Geschäftszeichen angeben)

☎ (02 28) 3 06- 234 oder 3 06-1

Datum 01.10.1985

Bundesminister für innerdeutsche Beziehungen, Postfach 12 02 50, 5300 Bonn 1

Herrn
Mario Ohly
Römerweg

7033 Herrenberg

Sehr geehrter Herr Ohly,

über Ihren Brief vom 16. September 1985 habe ich mich sehr gefreut, vielen Dank dafür.

Für Ihre Zukunft im Westen Deutschlands wünsche ich Ihnen alles Gute. Ich hoffe, daß Sie sich hier schnell einleben und eine gesicherte Lebensgrundlage schaffen können.

Mit freundlichen Grüßen
Im Auftrag

Rückantwort vom Ministerium für innerdeutsche Beziehungen 01.10.1985

dazu auch noch ein sicherer Job in dieser Zeit war, wollte ich ebenfalls dort arbeiten.
Auch durch meinen erlernten Beruf hatte ich gute Chancen dort anzufangen.
Es hat funktioniert und so konnte ich Anfang 1986 bei Mercedes - Benz meine Arbeit als Karosserieflaschner in der Kleinserie beginnen.
Durch Maßnahmen wie innerbetriebliche Versetzungen, interne Durchläufe in verschiedenen Arbeitsstationen sowie durch die Teilnahme an Weiterbildungslehrgängen war es mir möglich, später im kaufmännischen Bereich tätig zu werden.

Auf Arbeit lernte ich schnell Freunde kennen, mit denen ich meinen Nachholbedarf an Auslandsreisen wie zum Beispiel nach New York, Spanien oder Südfrankreich befriedigen konnte. Zusammen mit meiner Tante und den Verwandten unternahm ich ebenfalls viele Reisen.
Durch einen ehemaligen Mitgefangenen, der nach West - Berlin gezogen war und dort seine spätere Frau, eine Thailänderin, kennengelernt hatte, konnte ich auch in Thailand bei ihrer Familie einen schönen Urlaub verbringen.

Das Wiedersehen

Ich lernte durch einen Arbeitskollegen meine spätere Frau kennen. Wir heirateten und waren sieben Jahre zusammen, bis zur Scheidung.
Wir haben einen gemeinsamen Sohn.
Er kommt ab und zu zum Besuch. Es könnte mehr sein, aber so ist die Jugend nun einmal. Mich hat es damals in seinem jetzigen Alter auch nicht zu Hause gehalten.

Er war bei der Scheidung gerade viereinhalb Jahre alt. Das schönste Alter für die Eltern, finde ich heute, da in dieser Zeit der „Wissenshunger" der Kinder mit vielen Fragen beginnt. Die Zeit, in der die Scheidung lief, war für ihn und für mich belastend.
Wir mussten eben das Beste daraus machen.

Aber vielleicht hat es alles so sein sollen!

Ein Jahr nach der Scheidung habe ich mit meinem Sohn auf der Insel Rügen Urlaub gemacht. Auf der Fahrt dorthin sind wir durch das Erzgebirge gefahren und ich habe dabei gleichzeitig einen alten Freund besucht.

Nach einer gut durchzechten Nacht, mit Geschichten von früher, sagte der Freund zu mir: „Stell Dir vor, die Simone arbeitet zur Zeit unten im Ort auf der Bank. Willst du nicht einfach mal so „Hallo" sagen?"
Na ja, meinte ich. Kann ja nicht so schlimm sein, einfach einmal guten Tag zu sagen. Wie geht es dir? Und dann ist es wieder gut.

Das dachte ich mir einfach so - ausserdem ist sie ja auch verheiratet und hat zwei Kinder.

Nun gut, gesagt getan.
Wir sind dann etwas später in den Ort und zur Bank gefahren.
Ich bin in die Bank hineingegangen. Herzklopfen hatte ich dabei schon. Es gingen mir viele Gedanken durch den Kopf. Wie sieht sie aus? Ist sie noch so hübsch wie vor 15 Jahren? Erkennt sie mich wieder?

Ich habe erst einmal von hinten aus einer Ecke „gespickelt“, wo sie denn ist.
O.k., ich hatte noch etwas Restalkohol in mir, da ist auch etwas Mut mit dabei.
Und da war sie!
Sie sah noch genauso aus wie früher, nur reifer, schlank und hübscher!
Ich ging an den Bankschalter und lächelte sie an. Ohne viele Worte.
Sie schaute mich an und ich schaute sie an.
Wir reichten uns die Hände. Sie wurde bleich.
Alles von damals kam wieder hoch. Es lief ein Film ab - ein sehr emotionaler. Wir kämpften mit den Tränen.
He, wir waren in einer Bank und die Leute schauten schon. Wir wären uns am liebsten hemmungslos in die Arme gefallen.

Gut. Aber was jetzt?
War wohl nix, mit bloß „Hallo“ sagen.
Wir mussten einen Termin ausmachen. In der Mittagspause

treffen wir uns am Berghotel zum Essen - wäre das was? Ja!
Was waren das für Gefühle, alles spielte verrückt.
Wir haben uns zum Mittag getroffen. Umarmt, geküsst!
Die Zeit war zu kurz, wir konnten nicht alles erzählen, was wir in 15 Jahren alles erlebt hatten.
Ein weiteres Date musste her. Gut, - und so haben wir uns am Abend noch einmal getroffen.
Es hatte „eingeschlagen“ wie eine Bombe.
Bei uns beiden!
Unsere Liebe, sie war nicht beendet oder tot. Sie war nur, wie bei Dornröschen, eingeschlafen und ist nun wieder „erwacht“.
Ist das nun das Ende einer langen Geschichte von damals, oder zugleich der Anfang einer neuen gemeinsamen Zeit?

Ja! Die Zeit mit Simone und mir, sie hat neu begonnen.
Simone ist bereits drei Monate später mit zu mir in die Nähe von Stuttgart gekommen und mit eingezogen.
Sie hat glücklicher Weise auch gleich wieder einen Job bei einer hiesigen Bank bekommen.
Eines der beiden Kinder, ihren Sohn, brachte sie mit. Dieser lebt seitdem bei uns.
Es hat alles gut geklappt.

Wir sind glücklich und hoffen, dass es weiterhin so bleibt und unsere gemeinsame Liebe, die 15 Jahre Trennung überstanden hat, nie vorüber geht.